KATJA IRLE

Das Regenbogen-Experiment

Editorische Notiz

Damit ich dieses Buch schreiben konnte, haben mir viele Menschen Einblick in ihr Privatleben gewährt. Für ihre Offenheit und Gesprächsbereitschaft möchte ich diesen Regenbogenfamilien beziehungsweise gleichgeschlechtlichen Paaren danken. Wichtig waren auch die Gespräche mit jenen, die sich professionell mit dem Thema befassen – darunter Politiker, Familien- und Erziehungsexperten, Therapeuten, Jugendamtsmitarbeiter sowie Religionsvertreter. Gesprochen und diskutiert habe ich unter anderem mit Volker Beck, Remo H. Largo, Klaus Hurrelmann, Ralph Dawirs, Marianne Leuzinger-Bohleber, Petra Thorn, Marina Rupp, Fabienne Becker-Stoll, Nulf Schade-James und Lamya Kaddor. Die ihnen im Buch ohne einen Literaturverweis zugeschriebenen Zitate habe ich diesen Gesprächen entnommen und sie von ihnen bestätigen lassen. Mein besonderer Dank gilt Jesper Juul, der für dieses Buch ein Vorwort geschrieben hat.

Katja Irle, im Januar 2014

Inhalt

Das Regenbogen-Experiment Teil II: Die Kinder

Vorwort

von Jesper Juul

Die erste homosexuelle Familie kam 1982 in meine Klinik für Familientherapie, und seitdem habe ich mit solchen Familien, ob mit oder ohne Kindern, immer wieder therapeutisch gearbeitet. Etwa zur gleichen Zeit hatte ich ab und zu in Los Angeles und San Francisco zu tun und nahm unter anderem an einer großen Konferenz teil, bei der es um die Erziehungskompetenz afroamerikanischer Eltern ging. Gerade eben war die erste umfangreiche wissenschaftliche Untersuchung zu diesem Thema veröffentlicht worden mit dem Ergebnis, dass es zwischen schwarzen und weißen Eltern hinsichtlich ihrer Erziehungsbemühungen keinerlei Unterschied gibt. Wenig überraschend und für die Moralapostel und Salonrassisten in den Reihen der Wissenschaft ein herber Rückschlag.

Später dann griff das wissenschaftliche Spezialistentum um sich, es wurde nur noch nach isolierten »Fakten« gesucht, und die Forscher steckten die Eltern für ihre Untersuchungen in alle nur erdenklichen Schubladen: Homosexuelle, Adoptivfamilien, alleinstehende Adoptivmütter, alleinstehende Väter, Einwandererfamilien, Eltern mit Kindern von Leihmüttern usw. Oft geschah dies mit dem Hintergedanken, für irgendetwas »Schuldige« zu finden, bzw. unter dem Vorwand, wenn man genau hinsehe, meine man es mit den betroffenen Kindern doch nur gut. Nur ganz selten ging es darum, wie es den Eltern geht, wie diese selbst sich entwickeln und an ihren Aufgaben wachsen, obwohl doch jeder, der sich mit der Entwicklung von Kindern beschäftigt, wissen sollte, dass die Lebensqualität der Eltern bestimmt, wie Kinder aufwachsen. Solche Studien waren wirklich nützlich, weil sie den Selbstwert und das soziale Selbstbewusstsein der Eltern stärkten, und ich bin mir sicher, dass auch das vorliegende Buch dazu beitragen wird. Bei anderen Untersuchungen aber handelte es sich eher um Stilübungen junger Forscher, die vereinfachenden Fragebögen und bloßen statistischen Auswertungen vertrauten und keinen oder nur minimalen menschlichen Kontakt mit den betroffenen Eltern und Kindern aufbauten. Offenbar entziehen sich die menschliche Liebe und die unzähligen Arten, wie sie sich ausdrückt, in hohem Maße der traditionellen Wissenschaft, weswegen diese sich auf eine Vielzahl bedeutender und weniger bedeutender Persönlichkeitseigenschaften stürzt, die die qualitativen und phänomenologischen Forschungsansätze erfordern. Aber selbst derartigen Forschungsbemühungen ist es unmöglich, die Liebe auf irgendeine angemessene Formel zu bringen.

Nach meiner klinischen Erfahrung findet sich kein bedeutender Unterschied, was die Qualität des Zusammenlebens von hetero- oder homosexuellen Paaren betrifft. Natürlich gibt es Unterschiede im Lebensstil, Haltungen, die sich in sozialen Netzwerken ausdrücken, und dergleichen mehr, aber die Faktoren, auf die es wirklich ankommt – die persönliche Geschichte beider Partner, erlittene Traumata, der Wille zur Veränderung, innere und äußere Eigenschaften –, gelten für alle Erwachsenen, unabhängig von Alter, Geschlecht oder sexueller Orientierung. Es sind genau diese Faktoren, mit denen wir uns, bezogen auf uns selbst und andere, konfrontiert sehen, wenn wir einen anderen Menschen lieben oder seine Liebe empfangen. Und es hängt von unseren Fähigkeiten und unserem Willen ab, wie wir auf die entsprechenden Herausforderungen und Provokationen eingehen, die solche Liebe mit sich bringt. Dasselbe gilt für Kinder, die mit homosexuellen Eltern aufwachsen, weshalb unsere wissenschaftlichen Studien sich auf einen längeren Zeitraum erstrecken sollten – ungefähr, bis diese Kinder dreißig Jahre alt sind. Erst dann bekommen wir angemessene und sichere Aussagen, inwieweit sich die sexuelle Orientierung der Eltern eventuell gut oder schlecht auf ihre Kinder ausgewirkt hat. Bis dahin bekommen wir nur die Beschreibungen von Pädagogen, Lehrern und Psychologen, was deren äußeres Verhalten betrifft, was ja keinem echten Forschungsinteresse entspricht, es sei denn, man interessiert sich dafür, wie zuverlässig solche Aussagen sind.

Eine wesentliche Ursache für die Schwierigkeiten, mit denen unsere wissenschaftlichen Bemühungen konfrontiert sind, liegt darin, dass wir alle auf gewisse Weise mit zwei verschiedenen Erinnerungsarten operieren: einer emotionalen und einer existenziellen. Wenn wir in einer Familie aufwachsen, in der wir uns geliebt fühlen, aber gleichzeitig auch vernachlässigt oder verletzt, werden sich viele von uns als Jugendliche oder Erwachsene an eine »glückliche« Kindheit zurückerinnern und dabei den existenziellen Schmerz verdrängen, der immer auf Verletzungen und dem Gefühl des Versagens folgt, und der erst in Verbindung mit Lebenskrisen und traumatischen Ereignissen im Erwachsenenalter zum Vorschein kommt. Ich kenne Kinder und junge Menschen, denen es in ihrer Regenbogenfamilie schlecht ging und die doch kaum dazu in der Lage waren, auf den Verlust eines Elternteils, wenn der Vater oder die Mutter außen vor blieb, adäquat zu reagieren. Ich habe auch Homosexuelle getroffen, die hinsichtlich solcher Probleme infrage stellten, ob ich als heterosexueller Therapeut überhaupt mit ihnen arbeiten könne – Vorurteile und der Hang zur Projektion kommen in allen Bevölkerungsgruppen vor.

Es besteht kein Zweifel daran, dass Homosexuelle mit oder ohne Kinder in manchen Ländern mehr ausgegrenzt werden als in anderen, aber das war schließlich auch schon der Fall bei alleinstehenden Müttern (und später alleinstehenden Vätern), Einwandererfamilien usw. Wie ein Kind damit aufwächst, hängt ganz davon ab, wie seine Eltern solchem sozialen Druck begegnen. Ob sie ständig den Kopf einziehen, um dem Schmerz sozialer Ausgrenzung zu entgehen, oder ob sie bereit sind, ihn zuzulassen. Beides drückt der Art und Weise, wie sich ein Kind gegenüber anderen Menschen und der Gesellschaft verhält, dann seinen jeweiligen Stempel auf: Was soll ich machen, wenn mich mein Mitschüler mobbt, weil ich zwei Väter oder zwei Mütter habe? Soll ich mich in mein Schneckenhaus zurückziehen wie meine Eltern? Soll ich mich mit ihm schlagen, weil ich mich der Passivität meiner Eltern wegen schäme? Oder soll ich die entspannte Offenheit und Ehrlichkeit meiner Eltern auch für mich übernehmen? Aber wie mache ich das, wenn ich mich doch so schwach oder einsam im Vergleich zu ihnen fühle? Alle Kinder stellen sich solche Fragen, egal, ob sie heterosexuelle oder homosexuelle Eltern haben. Es lässt sich ja auch gar nicht vermeiden, dass wir unsere Kinder manchmal schmerzlichen Situationen aussetzen, und unser Erfolg als Eltern hängt ausschließlich damit zusammen, wie gut es uns gelingt, damit umzugehen. Für Kinder aus Regenbogenfamilien ist es deshalb von großer Bedeutung, wie ihre Eltern mit moralischen Vorurteilen oder Berührungsängsten ihrer Umwelt umgehen, und immer spielen dabei die Qualität und die Art und Weise der persönlichen und sozialen Beziehungen die Hauptrolle.

Wenn wir uns die Situation eines Kindes genau ansehen, kommt es im Alltag auf Faktoren an, die ich abschließend mit folgendem Beispiel ansprechen möchte: Mathias ist neun Jahre alt und lebt mit zwei lesbischen Frauen zusammen. Sein Lehrer entdeckt, dass die anderen Kinder begonnen haben, ihn wegen der Sexualität seiner Eltern zu mobben. Der Lehrer hat nun mehrere Wahlmöglichkeiten: Er kann das einfach ignorieren; er kann das Mobbing moralisch verwerflich finden und es entsprechend scharf verurteilen; er kann die Eltern benachrichtigen und sonst nichts tun; er kann eine Schulstunde dafür verwenden, um mit der ganzen Klasse darüber zu sprechen, usw. Was er macht oder nicht macht, wird für Mathias sowohl in sozialer wie auch in existenzieller Hinsicht von lebenslanger Bedeutung sein, und es macht keinen Unterschied, ob es sich um eine Situation wie die eben beschriebene handelt, oder ob Mathias einen Vater hat, der im Gefängnis sitzt, eine Mutter, die in der Psychiatrie untergebracht ist, taube Eltern oder einen berühmten Fußballspieler als Vater.

Homosexuelle Eltern sind einfach wie alle anderen Eltern auch: genauso warm, wunderbar, kompetent, rätselhaft, selbstaufopfernd, sorgenvoll, kränkend, überbehütend und gewalttätig. Eltern aber, die dazu bereit sind, die Hilfe ihrer Kinder anzunehmen, um sich selbst besser kennenzulernen, werden Kinder haben, die später als Erwachsene ihr Leben am besten bestehen.

Aus dem Dänischen übersetzt von Claus Koch

Das Regenbogen-Experiment
Teil I

Die Erwachsenen

Einleitung

Was haben Regenbogenfamilien und Spaghetti miteinander zu tun? Mehr, als man denkt. Im katholischen Italien, das wie kaum eine andere europäische Nation das Bild der klassischen Vater-Mutter-Kind-Familie kultiviert, führten die Nudeln im vergangenen Herbst zum gesellschaftlichen Eklat. Guido Barilla, Chef des gleichnamigen Pasta-Imperiums, hatte in einem Radiointerview gesagt, er würde niemals mit homosexuellen Familien Werbung für seine Nudeln machen. Dann schob er nach: »Für uns ist das Konzept der heiligen Familie ein fundamentaler Wert.« Die Gleichstellung beim Adoptionsrecht für schwule und lesbische Paare lehne er ab.

Signore Barilla wähnte sich damit im Einklang mit vielen seiner Landsleute, dennoch hatte er die Rechnung ohne seine kritischen Konsumenten gemacht. Ein Shitstorm brach über Barilla herein, der im Verkaufsboykott endete. Seitdem fragt sich das Papst-Land verwundert: Wer oder was ist Familie?

Das italienische Beispiel zeigt zwei Dinge über den Umgang mit Regenbogenfamilien in Europa: Immer noch ist die klassische Hetero-Konstellation eine Konstante, an der sich Politik, Gesellschaft und Glaubensgemeinschaften orientieren, was sie auch künftig tun werden. Dennoch gehören gleichgeschlechtliche Partnerschaften mit Kindern zum Alltag und finden zunehmend Eingang in eine neue Definition des Familienbegriffs. Dabei überlassen Schwule und Lesben seine Deutungshoheit nicht länger der heterosexuellen Mehrheitsgesellschaft. Sie fordern ihre Rechte sehr selbstbewusst ein. Wie groß ihr Einfluss ist, zeigt beispielhaft der Pasta-Punktsieg gegen Barilla.

Das führt zu Konflikten. Zwar akzeptiert und toleriert die Mehrheitsgesellschaft weitgehend die rechtliche Gleichstellung von schwul-lesbischer Lebenspartnerschaft und Ehe, wie Umfragen zeigen – aber sobald Kinder ins Spiel kommen, wird offenbar eine rote Linie überschritten und der Kulturkampf beginnt. Im Januar unterschrieben mehr als 100.000 Menschen eine Petition gegen einen neuen Bildungsplan im grün-rot regierten Baden-Württemberg, der mehr »Akzeptanz für sexuelle Vielfalt« im Unterricht schaffen soll. Regenbogenfamilien sind Teil dieser Vielfalt, aber dass Schwule und Lesben gemeinsam und/oder mithilfe der Reproduktionsmedizin Kinder zeugen und großziehen, erscheint vielen Menschen nach wie vor als gewagtes Experiment mit ungewissem Ausgang.

Die Verteidigungsrede des Barilla-Chefs, er habe nichts gegen die Homo-Ehe, aber sehr wohl etwas gegen ein Adoptionsrecht für gleichgeschlechtliche Paare, ist nicht nur typisch für das katholische Italien, sondern eben auch für Deutschland und andere europäische Länder. Auch der multinationale Möbelkonzern Ikea, gegründet in Schweden, einem Vorreiterland für die Gleichstellung von Schwulen und Lesben, zensierte im vergangenen Jahr das eigene Kundenmagazin für den russischen Markt – die Doppelseite mit zwei lesbischen Müttern und Kind verschwand.

Die Regenbogenfamilie spaltet, weil sie als Frontangriff auf das Adam-und-Eva-Prinzip verstanden wird. Die Entkopplung von Sexualität und Elternschaft sowie die Aufhebung des Dualismus Mutter–Vater in der Erziehung erschüttert die Grundfesten uralter Überzeugungen, wie Kinder aufwachsen sollten. Offenbar stößt auch die an und für sich tolerante deutsche Gesellschaft hier an ihre Grenzen.

Das erklärt, warum die Debatte um gleichgeschlechtliche Eltern und ihre Rechte so präsent ist. Anders als etwa über die Kinderarmut, unter der in Deutschland sehr viel mehr Mädchen und Jungen leiden, wird über das gemeinsame Adoptionsrecht für Homosexuelle auf allen medialen Kanälen gestritten – obwohl es (rein quantitativ) nur sehr wenige Kinder betrifft. Dabei ist die Auseinandersetzung in weiten Teilen eine Stellvertreter-Debatte: Anders als von Befürwortern und Gegnern gleichgeschlechtlicher Elternschaft angeführt, geht es zumindest in der öffentlich-politischen Debatte nicht immer um das Wohl der Kinder, sondern vor allem um die vollständige rechtliche Gleichstellung von Homosexuellen beziehungsweise um deren Verhinderung. Das eigentlich Private wird also mal wieder politisch.

Obwohl es bis zur Verwirklichung der kompletten Gleichstellung zwischen Ehe und Lebensgemeinschaft und dem damit verbundenen gemeinsamen Adoptionsrecht für Homosexuelle nur noch ein winziger juristischer Schritt zu sein scheint, ist die gesellschaftliche und politische Auseinandersetzung über Regenbogenfamilien noch lange nicht zu Ende. Sie beginnt erst, zumal die neue Bundesregierung aus CDU, CSU und SPD das umstrittene Thema zunächst einmal zu den Akten gelegt hat, weil die Koalitionäre sich nicht einigen konnten. Zwar bekennen sich Union und SPD laut Koalitionsvertrag ausdrücklich zur »Regenbogenfamilie« und wollen Diskriminierungen von gleichgeschlechtlichen Lebenspartnerschaften weiter abbauen. Doch das gemeinsame Adoptionsrecht für Schwule und Lesben ist vorerst von der politischen Agenda gestrichen.

Doch unabhängig vom politischen Zauder-und-Zöger-Kurs wird sich die überwiegend heterosexuell orientierte Gesellschaft langfristig daran gewöhnen müssen, dass Schwule und Lesben das gleiche Recht haben, eine Familie zu gründen, wie andere Paare. Darauf verweisen nicht nur die jüngsten Urteile des Bundesverfassungsgerichts, sondern auch die veränderten Lebenskonzepte von Lesben und Schwulen, die das Familienbild der Gesellschaft insgesamt verändern werden.

War Homosexualität in der Vergangenheit gleichbedeutend mit einem Leben ohne Nachwuchs, verwirklichen heute immer mehr ihren Kinderwunsch. In Deutschland wächst mit der rechtlichen Annäherung von Lebenspartnerschaft und Ehe sowie dem Abbau von Hürden im Adoptionsrecht* für Schwule und Lesben eine ganz neue Generation von Regenbogenkindern heran, die direkt in gleichgeschlechtliche Partnerschaften hineingeboren werden beziehungsweise hineinwachsen – durch Samenspende, Adoption oder Leihmutterschaft. Das sind Kinder, die das klassische Vater-Mutter-Modell niemals kennenlernen werden. Dabei ist es für die Debatte nicht relevant, dass Kinder

---

* Seit Februar 2013 gibt es die Möglichkeit der Sukzessiv-Adoption, sodass Homosexuelle das Adoptivkind eines Lebenspartners adoptieren dürfen.

in schwulen und lesbischen Partnerschaften kein Massenphänomen sind und auch keines werden. Ihre Brisanz ergibt sich nicht aus der Quantität der Regenbogenfamilien,
sondern aus ihrer vorgelebten Botschaft, dass Kinder nicht
unbedingt Vater und Mutter brauchen, um glücklich aufzuwachsen.

Konservativen Schätzungen zufolge leben zurzeit in
Deutschland nur einige Tausend Regenbogenkinder. Der
Mikrozensus, eine regelmäßige bundesweite repräsentative
Befragung, wies zuletzt für das Jahr 2008 rund 7.200 Mädchen und Jungen in rund 5.000 gleichgeschlechtlichen Lebensgemeinschaften aus. Der 2013 veröffentlichte Report
»Familien in Baden-Württemberg« nennt rund 9.000 Kinder bundesweit, die mit gleichgeschlechtlichen Eltern aufwachsen.[1] Die Zahlen sind jedoch aufgrund der hohen
Dunkelziffer zu niedrig, deshalb gehen Familienforscher
von mindestens 18.000 Kindern aus. Lesben- und Schwulenverbände schätzen, dass es sogar noch mehr Regenbogenkinder in Deutschland gibt, vor allem in den
Großstädten. Bei allen genannten Zahlen handelt es sich
jedoch um Schätzungen beziehungsweise Hochrechnungen. Valide Befunde liegen bislang nicht vor.

Klar ist nur, dass gemessen an der großen Zahl heterosexueller Ehen und Lebensgemeinschaften mit Kindern die
Regenbogenfamilie auch in Zukunft eher so selten bleiben
wird wie die gleichnamige Naturerscheinung am Himmel.
Im Jahr 2012 gab es in Deutschland nach Angaben des Statistischen Bundesamtes rund acht Millionen Familien mit
14,4 Millionen Kindern. Dagegen gab es 2012 nach Hochrechnungen nur rund 73.000 gleichgeschlechtliche Lebensgemeinschaften in Deutschland[2], und lediglich neun Pro-

zent aller gleichgeschlechtlichen Paare leben mit Kindern zusammen.

Regenbogenfamilien sind also – rein rechnerisch – ein Randphänomen. Doch aufgrund seiner politischen Brisanz ist es auf dem Weg in die Mitte der Gesellschaft und spaltet diese. Während die einen Regenbogeneltern und ihre Kinder als Teil einer neuen familiären Vielfalt begrüßen, sehen andere dadurch klassische Strukturen und das Wohl der Kinder bedroht. Das neue Selbstbewusstsein der Homo-Eltern trifft eben auch auf eine verunsicherte Hetero-Generation, in der sich traditionelle Familienstrukturen immer weiter auflösen. In Großstädten wird jede zweite Ehe geschieden. Immer mehr Kinder wachsen in Patchwork-Familien oder bei nur einem Elternteil auf. Das schwächt das Ur-Argument der Regenbogen-Kritiker, ein Kind brauche Vater und Mutter, um gesund und glücklich aufzuwachsen.

Das gleichgeschlechtliche Modell wird umso mehr als Angriff auf das herkömmliche Familien- und Erziehungskonzept betrachtet, als Wissenschaftler Regenbogenkindern zunehmend bescheinigen, sogar Vorteile gegenüber Kindern in klassischen Hetero-Familien zu haben. Es heißt, sie seien sozial kompetenter und toleranter. Von schwulen Vätern wird berichtet, dass sie sich deutlich mehr als heterosexuelle Väter um ihre Kinder kümmerten, auch im Trennungsfall. Bei gleichgeschlechtlichen Eltern, so ein weiteres Argument, könnten Kinder vorurteilsfreier aufwachsen und somit lasse sich endlich das verwirklichen, was die aufgeklärte Gesellschaft sich schon so lange wünsche: eine demokratischere Erziehung ohne Geschlechterstereotypen.

Damit stellt sich die Frage: Zeigen uns homosexuelle Eltern den Weg zu einer moderneren und demokratischeren Familienstruktur? Sind Schwule und Lesben am Ende sogar die besseren Eltern?

Wo beginnt der Regenbogen?

Nach dem Regenbogen greifen sie alle. So schillernd wie das Naturschauspiel selbst ist die Verwendung des Begriffs in der Alltagssprache. Er ist Namensgeber für Tausende von Krabbelstuben, Kindergärten, Schulen und Indoorspielplätzen. Er steht als Symbol für Dinge, die sonst wenig gemeinsam haben, etwa die Homosexuellenbewegung und die Ökumene in den christlichen Kirchen. Der Regenbogen erstrahlt über Selbsthilfegruppen bei glückloser Schwangerschaft, Geburtshäusern und Seniorenheimen. Er wirbt für Ponyhöfe, Hundepensionen, Tierbestatter, Dönerbuden und Muffinförmchen. Wenn es ihn nicht schon immer gegeben hätte, müssten clevere PR-Strategen ihn erfinden, denn er verheißt Farbenpracht, Vielfalt und Ästhetik. Niemand würde jemals etwas Böses über einen Regenbogen sagen und folglich auch nicht über die, die unter ihm stehen. Er ist unantastbar schön, und an seinem Ende wartet – so versprechen es die Märchen – eine Kiste Gold.

Dieser Mythos hat in unserer Kulturgeschichte, in Literatur und Alltagssprache, tiefe Spuren hinterlassen. Die Wurzeln des Begriffs reichen bis in die Antike zurück, in der das Himmelsgebilde als vermittelnde Instanz und Brücke zwischen Menschen und Göttern gepriesen wurde. Auch in späteren Jahrhunderten war der Regenbogen ein Symbol für Frieden, Fülle und Mannigfaltigkeit. Letztere Bedeutung ist dem Begriff bis heute erhalten geblieben. Besonders häufig wird er mit Kindern und Familie in Verbindung gebracht, um Vielfalt auszudrücken oder sich vom herkömmlichen Familienmodell zu unterscheiden. Regenbogenkinder und die Regenbogenfamilien, so transportiert der Name, sind schillernd und selten.

Fasst man den Begriff Regenbogenfamilie sehr weit, beschränkt ihn nicht auf die sexuelle Orientierung der Erwachsenen, sondern versteht ihn als Mischung aus leiblicher und sozialer Elternschaft, dann gab es sie schon immer: bunte Lebensgemeinschaften mit Kindern, die sich vom Schwarz-Weiß-Schema Vater–Mutter–Kind durch ihre Andersartigkeit abhoben: Tanten, Onkel oder Großeltern, die Kinder großzogen, weil die leiblichen Eltern gestorben waren. Brüder- oder Schwesternpaare, die sich um Neffen und Nichten kümmerten. Kinder, die in der Nachbarfamilie unterkamen, weil ihre nächsten Verwandten sie vernachlässigten. Mütter, die während oder nach dem Zweiten Weltkrieg mit anderen Frauen und deren Kindern lebten, weil die Männer fehlten. Und es gab lesbische Frauen (und einige wenige schwule Männer), die mit ihrer Partnerin (oder ihrem Partner) und den Kindern aus heterosexuellen Verbindungen zusammenlebten, dies aber nach außen nicht als gleichgeschlechtliche Lebensgemeinschaft propagierten. Sie lebten das Modell der Regenbogenfamilie, nannten es aber nicht so oder verschwiegen es bewusst, weil sie Repressalien befürchteten. Denn die gesellschaftliche und rechtliche Anerkennung homosexueller Lebensformen ist in Deutschland eine junge Errungenschaft. Erst seit 1969 ist Homosexualität nicht mehr strafbar. Den »Schwulen-Paragrafen« (§ 175) schaffte der Bundestag offiziell sogar erst im März 1994 ab. Dass Lesben und Schwule gemeinsam Kinder bekommen, ist eine relativ junge Idee – nicht nur für die Heterosexuellen, sondern auch für die Homosexuellen selbst.

Im Duden angekommen

Ganz konkret versteht man heute in Deutschland unter Regenbogenfamilie eine Familie, in der Eltern lesbisch, schwul, bisexuell oder transgeschlechtlich sind. Den Begriff nahm 2009 – mit einer etwas einfacheren Definition – auch der Duden auf: Eine Regenbogenfamilie ist »eine Familie mit gleichgeschlechtlichem Elternpaar«. Diese Bezeichnung ist seitdem weit über die Homosexuellen-Szene hinaus bekannt und Teil der Alltagssprache geworden. Aber wer hat's erfunden?

Lela Lähnemann, Mitarbeiterin im Fachbereich für gleichgeschlechtliche Lebensweisen bei der Berliner Senatsverwaltung, sagt, sie sei die Erste in Deutschland gewesen, die offiziell den Namen Regenbogenfamilie für Familien mit homosexuellen Eltern eingeführt habe. Sie habe das Wort für eine Tagung im Jahr 2000 etabliert, zu der Lesben und Schwule mit ihren Kindern in Berlin mit Pädagogen zusammenkamen, erzählt Lähnemann. Zeitgleich tauchte das jeweils an die Landessprache angepasste Pendant zum englischen *rainbow family* (auch *rainbow tribe*) immer häufiger in Ländern wie Norwegen oder den Niederlanden auf, die als Vorreiter bei der Gleichstellung homosexueller Lebensformen gelten. Weitere Länder wie Italien oder Portugal übernahmen später ebenfalls den englischen Begriff und übersetzten ihn.

Heute wird weltweit in einem erweiterten Sinn auch die Bezeichnung *LGBT-Family* oder *-Parenting* (Elternschaft) verwendet. LGBT steht für *Lesbian, Gay, Bisexuell, Transgender*, meint also nicht nur homosexuelle Lebensformen, sondern auch bi- und transsexuelle Orientierungen. Im angelsächsischen Sprachraum gibt es zudem den Begriff *families of choice* (Wahlfamilien). Auch der Begriff *queer family* wird häufig benutzt, meist als Synonym für Regenbogenfamilie, aber auch als Bezeichnung für Familien mit vier Eltern, also einer Lebensgemeinschaft aus schwulen und lesbischen Paaren mit Kindern.

In Schweden wiederum, ebenfalls politischer und gesellschaftlicher Vorreiter für die Regenbogenfamilien, haben sich im Laufe der Jahre verschiedene Begriffe entwickelt. Neben der *rainbow family* gibt es beispielsweise die *Fyrklöverfamilj*. Diese »Kleeblatt-Familie« bezeichnet einen Zusammenschluss aus zwei gleichgeschlechtlichen Paaren – in der Regel zwei lesbischen Müttern und zwei schwulen Vätern. Mit *Stjärnfamilj* (Sternenfamilie) schufen die Schweden einen Gegenbegriff zur *Kärnfamilj* (Kernfamilie). Die beiden Wörter sind zwar in der Aussprache kaum zu unterscheiden, in ihrer Bedeutung jedoch sehr. Es ist ein umfassender Begriff, in den alle anderen Familiendefinitionen einmünden. Zur *Stjärnfamilj* gehören der Alleinerziehende, das klassische Zwei-Eltern-Modell, die Adoptions- und die Pflegefamilie sowie alle Formen von Regenbogen- und Patchworkfamilien – unabhängig davon, ob es sich um soziale oder biologische Verbindungen handelt. Auch die kinderlose Ehe oder Partnerschaft gehört mit dazu, was der in Deutschland gängigen und als modern empfundenen Definition »Familie ist dort, wo Kinder sind« widerspricht.

Bunte Fahnen und Regenbogenkrieger

Seit den 1970er-Jahren gilt der Regenbogen in Form einer Fahne als weltweites Symbol der Schwulen- und Lesbenbewegung. Entworfen hatte sie der amerikanische Künstler Gilbert Baker im Jahr 1978. Die verschiedenen Regenbogen-Begriffe wurden und werden jedoch nicht nur mit Blick auf die Gleichgeschlechtlichkeit verwendet, sondern stehen auch für ethnische, soziale oder religiöse Unterschiede. Die Umweltaktivisten von Greenpeace wiederum nutzen den Regenbogen seit Ende der 1970er-Jahre als Symbol für ihren Protest gegen die Umweltzerstörung. Ihre Schiffe nannten sie *Regenbogen-Krieger* (Rainbow Warrior). Laut Greenpeace geht der Name zurück auf eine indianische Legende, nach der Regenbogenkrieger die zerstörte Erde gemeinsam wieder aufbauen.

Josephine Baker: Die Regenbogenfamilie als politische Botschaft

Eine der Ersten, die den Begriff *Regenbogenkinder* öffentlich verwendete, war die schwarze Sängerin Josephine Baker. Die Gründung ihrer schillernden Familie Anfang der 1950er-Jahre im französischen Perigord war vor allem ein politischer Akt. Indem die weltberühmte Tänzerin und Bürgerrechtlerin Mädchen und Jungen unterschiedlicher

Hautfarbe adoptierte, wollte sie , die 1917 in den USA ein Pogrom gegen Afro-Amerikaner und immer wieder Diskriminierung erlebt hatte, ein Zeichen gegen Rassismus setzen. Sie wollte zeigen, dass Kinder unterschiedlichster Herkunft gemeinsam und in Frieden aufwachsen können. Es war eine Zeit, da in den USA schwarze Kinder andere Schulen besuchen mussten als weiße, andere Verkehrsmittel benutzten und in vielen anderen Bereichen des öffentlichen Lebens diskriminiert wurden. Im Vorwort zur deutschen Ausgabe ihres Buches »Die Regenbogenkinder«, eines bunt illustrierten Kinderbuchs, schrieb die Künstlerin Mitte der 1950er-Jahre:

> »*Die Kleinen kommen aus allen Teilen der Welt, aus Korea, Japan, Finnland, Kolumbien, Israel, Frankreich, Nordafrika und von der Elfenbeinküste. Sie sind der lebendige Beweis dafür, dass alle Rassen, alle Menschen der Erde wie Bruder und Schwester glücklich zusammenleben können.*«

So edel ihre Motive auch waren, so wenig überzeugte ihre zufällig zusammengewürfelte Regenbogenfamilie als Erziehungskonzept. Im Vordergrund stand die politische Botschaft, nicht das Wohl der Kinder. 2009 schrieb der Spiegel über die bisexuelle »Weltenmutter« Josephine Baker, die keine eigenen Kinder bekommen konnte: »Unheil beginnt oft mit Visionen, und Josephine Baker hatte eine. Sie machte vor, was viele Prominente nach ihr taten, Schauspielerinnen, Popstars. Sie adoptieren Kinder aus armen Ländern für ein Leben in einer besseren Welt.«

Doch die Welt der Baker-Kinder war wenig kindgerecht.

Bakers längst vergriffenes Buch[1] über ihre Wahl-Familie, das sie mit ihrem damaligen Ehemann Jo Bouillon geschrieben hatte, zeigt einen stilisierten Baum, aus dessen Zweigen Kinder aus verschiedenen Kontinenten herauslachen. In der Mitte sitzt die Mutter, gekleidet wie eine Königin. Im Klappentext einer anderen Buchausgabe heißt es:

>*Die Regenbogenkinder sind glücklich! Wie könnte es auch anders sein in diesem Stückchen Paradies (...), wo sie von viel mütterlicher Sorge umgeben sind.*«

Tatsächlich war die egozentrische und viel beschäftigte Künstlerin jedoch wenig präsent in ihrem Regenbogenschloss im kleinen Dorf Les Milandes. »Sonntags, wenn sie mal da ist, zieht Baker den Kindern weiße Sachen an und lässt sie auf dem Schlossplatz aufmarschieren, hinter dem Zaun warten Touristen und Presseleute auf Bilder, ständig klicken die Kameras«, schrieb der Spiegel. Bakers Sohn Jarry sagte viele Jahre später, sie hätten sich manchmal wie Affen gefühlt.

Dennoch ging Josephine Bakers politische Botschaft um die Welt, die Vielfalt der Menschen anzuerkennen. Das Bruder-Schwester-Motiv, das die Regenbogenfamilie in Les Milandes zusammengeführt hatte, wurde in den 1960er-Jahren von der Hippie-Bewegung wieder aufgenommen, die den Diversitäts-Gedanken in Kommunen lebte. Die symbolischen Geschwister-Gemeinschaften bezeichneten sich ebenfalls als *rainbow familys* oder *rainbow tribes*. 1972 gründete sich in den USA die »Rainbow Family of Living Light«, eine Gemeinschaft, die für den Weltfrieden betete und bis heute existiert.

Mit den Regenbogenfamilien, die heute in Deutschland leben, haben diese politisch motivierten Gemeinschaften von damals nichts gemeinsam – bis auf den Namen. Wenn man moderne Regenbogenfamilien miteinander vergleicht, zeigt sich als einziges übereinstimmendes Merkmal die Gleichgeschlechtlichkeit der Eltern. Ansonsten gleichen sich Regenbogenfamilien untereinander so wenig oder so viel wie heterosexuelle Familien auch. Anders, als es die politische Debatte suggeriert, sind die Überschneidungen zwischen dem Alltagsleben der klassischen heterosexuellen Kleinfamilie und der bunten Regenbogenfamilie erstaunlich groß. Die Regenbogenfamilie ist auf dem Weg in die bürgerliche Heterowelt.

Das gleichgeschlecht-
liche Paar

Lesben und Schwule als Eltern –
steht die Welt kopf?

Auf die Frage, wie sich die Schwulenkultur in den letzten Jahrzehnten verändert hat, antwortete der homosexuelle Schauspieler Rupert Everett im Magazin der Süddeutschen Zeitung:

> »Heterosexuelle sind die neuen Schwulen. Sie suchen ständig Sex und sind dabei ziemlich wahllos. Die Schwulen dagegen heiraten, adoptieren Kinder und leben monogam. Wenn ich das mit den Siebzigern und Achtzigern vergleiche, steht die Welt kopf.«[1]

Versteht man auch die 2001 eingeführte eingetragene Lebenspartnerschaft für Lesben und Schwule als neue Form der Bürgerlichkeit, dann finden sich zumindest für Everetts Beobachtung homosexueller Lebensformen empirische Belege. Die Zahl der eingetragenen Lebenspartnerschaften für Schwule und Lesben steigt seit Jahren kontinuierlich an. Seit 2006 erhebt der Mikrozensus regelmäßig mit einer repräsentativen Befragung, wer sich verpartnert beziehungsweise ge-

35

heiratet hat. Die Statistiken transportieren eine klare Aussage: Die Einführung der Homo-Ehe hat einen durchschlagenden Erfolg.

2012 hatte sich die Zahl der formalisierten Partnerschaft, verglichen mit dem Jahr 2006, fast verdreifacht. 32.000 eingetragene Lebenspartnerschaften gab es 2012 – Tendenz weiter steigend. Und wer keine »Ehe« will, der lebt zunehmend in einem gemeinsamen Haushalt mit einem Partner oder einer Partnerin. Laut Mikrozensus gab es 2012 rund 73.000 homosexuelle Lebensgemeinschaften in Deutschland (darunter 42.000 Männer und 31.000 Frauen) – etwa 10.000 mehr noch als 2006.

Verglichen mit der Gesamtbevölkerung sind diese Zahlen natürlich immer noch marginal und werden es bleiben. Schätzungen zufolge sind zwischen fünf und zehn Prozent der Weltbevölkerung homosexuell. Schwulen- und Lesbenverbände gehen davon aus, dass in Deutschland rund vier Millionen Homosexuelle leben, was etwa fünf Prozent der Gesamtbevölkerung wären. Der Konjunktiv ist hier angebracht, weil es darüber keine validen Statistiken gibt. Daten zur sexuellen Orientierung der Bürger werden vom Staat – zum Glück – nicht erhoben. Das verbietet nicht nur die Erinnerung an die NS-Zeit, als die Machthaber – gleichbedeutend mit dem rosa Winkel, mit dem homosexuelle Gefangene in Konzentrationslagern gekennzeichnet wurden – sogenannte rosa Listen mit den Namen von tatsächlichen oder vermeintlichen Homosexuellen führten. Die sexuellen Neigungen seiner Bürger haben den Staat grundsätzlich nicht zu interessieren – es sei denn, sie offenbaren ihre Präferenzen freiwillig bei Umfragen.

Die aus solchen Befragungen gewonnenen Zahlen über

Homosexualität, gleichgeschlechtliche Lebensgemeinschaften und Regenbogenfamilien und die daraus erfolgten Hochrechnungen sind ganz sicher zu niedrig, weil sich viele Lesben und Schwule auch heute noch lieber nicht zu erkennen geben. So sagten im Jahr 2004 bei einer Umfrage der Stadt München mehr als die Hälfte der Lesben und 41,5 Prozent der Schwulen, sie befürchteten Benachteiligungen, wenn ihre Homosexualität bei Behörden bekannt würde.[2]

Zehn Jahre später dürften diese Vorbehalte aufgrund der steigenden gesellschaftlichen Akzeptanz etwas geringer sein. Dennoch gehen Experten auch heute noch davon aus, dass sich bei Umfragen nur ein Teil der Homosexuellen als solche zu erkennen gibt. Für Statistiken über Regenbogenfamilien kommt erschwerend hinzu, dass Kinder nicht eingerechnet werden, wenn ihre Eltern sich nicht als gleichgeschlechtliche Lebensgemeinschaft bezeichnen. Kinder von alleinerziehenden lesbischen Müttern oder schwulen Vätern werden vom Mikrozensus ebenfalls nicht erfasst.

Die tatsächliche Zahl der Regenbogenkinder in Deutschland dürfte also sehr viel höher sein als statistisch erfasst. Die Familienforscher Bernd Eggen und Marina Rupp sprechen von rund 18.000 Kindern – ausgehend von einer »Unterschätzung um 60 Prozent«. Mehr als 90 Prozent dieser Kinder leben bei gleichgeschlechtlichen Frauenpaaren. Doch selbst mit dieser Korrektur nach oben entspräche dem Anteil an Kindern in gleichgeschlechtlichen Lebensformen höchstens ein Promille aller Kinder.[3]

Dennoch spielt die Debatte um Homosexualität und Familie eine bedeutende Rolle in der politischen Öffentlichkeit, woran die Lesben- und Schwulenverbände selbst einen großen Anteil haben. In den vergangenen Jahrzehnten hat ihre Lobbyarbeit für die Gleichstellung homosexueller Lebensgemeinschaften mit der Ehe reiche Früchte getragen. Politisch unterstützt von Grünen, SPD, Linken und FDP sind sie nun fast am Ziel – es fehlt nur noch das gemeinsame Adoptionsrecht.

Bürgerlich statt schrill

Dieser Erfolg hängt auch mit dem sich wandelnden Bild von Schwulen und Lesben in der Öffentlichkeit zusammen, das durch die eingetragene Lebenspartnerschaft bis heute ganz neu gezeichnet wird. Neben die von vielen als schrill empfundene mediale Aufbereitung von Veranstaltungen wie dem Christopher Street Day oder schwulen Weihnachtsmärkten, in denen Homosexuelle ganz bewusst ihre Andersartigkeit zelebrieren, ist seit 2001 das Image des sich liebenden und füreinander sorgenden homosexuellen Paares getreten. Dabei war es für die Wahrnehmung der Öffentlichkeit unerheblich, dass es diese Paare schon immer gegeben hat. Da die heterosexuelle Mehrheitsbevölkerung Schwule und Lesben vor allem über die Medien wahrnimmt, führte erst die Einführung der gleichgeschlechtlichen Lebenspartnerschaft 2001 zu einem wirklichen Paradigmenwechsel. Die Bilderflut von schwulen und lesbischen Paaren vor dem »Traualtar« hat die Wahrnehmung homosexueller Lebensformen in Deutschland nachhaltiger geprägt als jede politische Kampagne zuvor.

Der Frankfurter Pfarrer Nulf Schade-James gehörte zu den Vorreitern der Ehe für Schwule und Lesben. Der Protestant war schon 1996 mit seinem Partner zum kirchlichen

Traualtar geschritten – damals ein ungeheuerlicher und illegaler Vorgang, der die trauende Pfarrerin das Amt hätte kosten können. Anders als heute, wo homosexuelle Paare vor allem aus Liebe eine Lebenspartnerschaft eingehen, war die schwule Pfarrershochzeit damals auch ein dezidiert politischer Akt des Protestes und der Provokation. »Ich hatte damals das Gefühl, das nicht nur aus Zuneigung, sondern auch aus politischen Gründen tun zu müssen«, sagt Schade-James rückblickend. Er ahnte damals nicht, wie die Sache ausgehen würde, welche Reaktionen die zwar nicht medienwirksam inszenierte, aber doch öffentliche Trauung haben würde. Das Erstaunliche war, dass nichts geschah, wie sich der Pfarrer erinnert:

> *Ich glaube, die Kirche hat damals selbst abgewartet, ob jetzt die Welt zusammenbricht. Weil das nicht geschah, gab es für uns und die Pfarrerin keinerlei Konsequenzen.«*

Erfolg der Homo-Ehe

Lesben- und Schwulenverbände schätzen, dass heute etwa die Hälfte der Homosexuellen in festen Beziehungen lebt – Tendenz steigend. Immer mehr übernehmen – auch nach außen hin sichtbar – Verantwortung füreinander, gründen Partnerschaften und Familien. Zwar lebt die überwiegende Mehrheit der gleichgeschlechtlichen Lebensgemeinschaften bislang noch ohne Nachwuchs, doch das Interesse am eigenen Kind steigt. Gleichzeitig schwindet die politische Idee der Homosexualität als alternativer Lebensform und Kontermodell zur Spießerehe und Heterogesellschaft. Hatten die Lesben innerhalb der feministischen Debatte der 1960er- und 1970er-Jahre die Mutterschaft noch als Falle für sich definiert, in die »frau« auf keinen Fall tappen sollte, so ist von dieser anti-familialen, anti-männlichen und anti-bürgerlichen Stimmung in weiten Teilen der Frauenbewegung heute nichts mehr zu spüren. Lesben und Schwule sprechen immer selbstverständlicher über ihre Kinderwünsche. Das homosexuelle Leben als politisches Statement scheint gerade bei den Jüngeren nicht mehr aktuell zu sein, wie der Jugendforscher und Sozialwissenschaftler Klaus Hurrelmann feststellt:

> »Die junge Generation von Lesben und Schwulen hat viel weniger Interesse, die Welt zu verändern. Sie wollen ein Leben führen, das in gewisser Weise traditionellen Mustern entspricht: mit festem Partner, Wohnung, Auto, Garten und Kind.«

Für dieses Leben nach klassischem Vorbild bringt die Mehrheit der gleichgeschlechtlichen Paare in Deutschland auch die materielle Voraussetzung mit. Die wiederum basiert auf einem vergleichsweise hohen Bildungsniveau. Fast die Hälfte der Paare hat Abitur, und zwei Drittel arbeiten als Angestellte.[4]

Gebildete Mittelschicht

Auch Constanze Körner, Mitarbeiterin des Lesben- und Schwulenverbands Deutschland (LSVD), beobachtet die

Tendenz zum bürgerlichen Leben sowie die Parallelität von rechtlicher Gleichstellung, gesellschaftlicher Akzeptanz und Familiengründung. Sie sitzt im nagelneuen Regenbogenfamilienzentrum in Berlin-Schöneberg. Seit 2013 ist die frisch renovierte Altbauwohnung im Erdgeschoss die erste bundesweite Anlaufstelle für Schwule und Lesben mit Familie beziehungsweise mit Kinderwunsch. Körner selbst berät jedoch schon seit vielen Jahren Homosexuelle mit Kinderwunsch. Einen immer größer werdenden Teil der Paare, die hierherkommen, beschreibt sie als finanziell abgesicherte, gutbürgerliche und gebildete Mittelschicht:

»Erst kommt der Beruf, dann das Haus oder eine eigene Wohnung und schließlich Heirat und Kinder. Wenn ich es recht überlege, müssten auch die konservativen Parteien Regenbogenfamilien mit ihrer Politik unterstützen, da Regenbogenfamilien im Alltag genau das leben, was diese Politiker Homosexuellen sonst absprechen.«

Der Trend zur traditionellen Paarbeziehung und zur deutschen Klein-Familie ist insofern bemerkenswert, als das heterosexuelle Adam-und-Eva-Modell längst zum Märchen auf Zeit und ohne Happy End geworden ist. Fast jede zweite Ehe in Deutschland wird geschieden (1960 trennten sich gerade einmal elf Prozent der Paare). Davon waren im Jahr 2012 laut dem Statistischen Bundesamt mehr als 140.000 Kinder betroffen – nicht mitgerechnet Minderjährige mit unverheirateten Eltern. Experten gehen deshalb davon aus, dass für etwa jedes sechste Kind in Deutschland die Patchwork- oder Alleinerzieherfamilie Alltag ist.

Die Ehe wird deshalb von der jüngeren Generation immer weniger als Voraussetzung für eine Familiengründung gesehen. Bei einer aktuellen Umfrage unter 20- bis 39-Jährigen sagten nur 18 Prozent der Westdeutschen, dass ein Paar verheiratet sein müsse, um Kinder großzuziehen. Im Osten waren sogar nur zehn Prozent dieser Meinung.[5] Doch trotz der Krise der klassischen Mama-Papa-Kind-Familie in formalisiertem Rahmen wählen lesbische und schwule Paare genau dieses Modelle für sich, um damit ihre Lebensform gleichberechtigt neben der »Hetero-Normalität« zu etablieren. Das klassische Trennschema »wir« und »ihr«, »normal« und »nicht normal« löst sich damit auf, auch wenn seine Fundamente noch in vielen Köpfen verankert bleiben.

Das böse Normal-Wort

Das Wort »normal« ist in der Szene verpönt, weil es wertet und die Welt in konform und nicht konform einteilt. Es ist aber auch außerhalb der Szene, vor allem auf dem politischen Parkett, nicht mehr üblich, das böse Normal-Wort zu verwenden, weil es je nach Benutzung entweder heterosexuelle oder homosexuelle Lebensformen abwertet.

Das mag – sprachlich, politisch, gesellschaftlich und inklusiv gedacht – absolut korrekt sein. Doch es führt in der vermeintlich toleranten Hetero-Welt wahlweise zum kompletten Verstummen, zu amüsanten Verklausulierungen oder zum sofortigen schlechten Gewissen, wenn der Vergleich dann doch einmal das Unterbewusstsein verlässt und den ansonsten gut funktionierenden Korrekt-Filter passiert. »Hab ich etwa ›normal‹ gesagt? Aber ein besseres

Wort fällt mir gerade nicht ein«, rutschte es »Hart, aber fair«-Moderator Frank Plasberg in einer Sendung über Homo-Ehen und Regenbogenfamilien heraus. Dafür wurde er postwendend von dem schwulen Entertainer Ralph Morgenstern gemaßregelt.

Selbst die CDU-Politikerin Erika Steinbach, eine der letzten öffentlich wirksamen Bastionen in der Union gegen Homo-Ehe und gemeinsames Adoptionsrecht, verbiegt sich gelegentlich verbal und versucht das Normal-Wort zu vermeiden (was meistens nicht gelingt), um dann mit Vergleichen genau dasselbe zu sagen. Etwa so:

> *Eine Frau und ein Mann – das ist etwas ganz anderes als ein Mann und ein Mann oder eine Frau und eine Frau. Man vergleicht hier Äpfel mit Birnen.*«

Nun könnte man im Sinne einer christdemokratischen politischen Korrektheit nachträglich hineindeuten, dass Birnen genauso normal und von Gott gegeben sind wie Äpfel und Erika Steinbach Homosexualität und Regenbogenfamilien ganz natürlich findet. Gemeint war aber etwas ganz anderes, und das wird in der öffentlichen Debatte – jenseits aller Versuche, politisch korrekt zu sprechen – auch genau so verstanden: Es ist doch nicht normal, dass Lesben und Schwule Kinder bekommen! Oder?

Kinderlosigkeit war gestern

Normal oder nicht – sie tun es einfach. Homosexualität war früher gleichbedeutend mit Kinderlosigkeit. Nicht nur die Eltern sahen sich um eine Zukunft als Großeltern betrogen, wenn der Sohn schwul oder die Tochter lesbisch war. Auch ein Großteil der Homosexuellen selbst stellte in den vergangenen Jahrzehnten nicht infrage, dass ihr Coming-out den Verzicht auf eigene Kinder und Familie bedeutete.

»Als ich damals mein Coming-out hatte, war klar: Schwulsein und eine eigene Familie schließen sich aus. Es wäre undenkbar gewesen, eine Familiengründung zu realisieren. Deshalb lag mir selbst der Gedanke an eigene Kinder fern. Ich habe das als Möglichkeit gar nicht gesehen. Und ganz sicher hätten Jugendämter und andere Institutionen einem Steine in den Weg gelegt. Jetzt fühle ich mich schon zu ›alt‹, um noch Vater zu werden beziehungsweise ein Kind zu adoptieren.«
(Volker Beck, Die Grünen)

»Ich hätte am liebsten fünf Kinder gehabt! Aber im Laufe meines Coming-outs Anfang 1980 hatte ich mich davon verabschiedet. Das gab es in unserem Denken damals nicht. Wäre ich heute erst 30, dann hätte ich eigene Kinder. Ganz bestimmt.«
(Nulf Schade-James, evangelischer Pfarrer)

Es kann also keine Rede davon sein, dass Homosexuelle keine Kinderwünsche gehabt hätten oder haben. Bereits 1998 hatten rund 40 Prozent der Lesben in Nordrhein-Westfalen bei einer Umfrage angegeben, dass sie gerne mit Kindern zusammenleben würden. Bei den Schwulen waren es rund 30 Prozent.[6] Damals blieb die eigene Familie für viele jedoch noch eine vage Idee. Zwar gab es schon immer Lesben und Schwule, die Kinder bekommen und großgezogen haben. Aber für die Mehrheit blieb das Thema Familie tabu. Und wenn Schwule und Lesben Kinder hatten, dann stammten sie in der Regel aus vorherigen heterosexuellen Beziehungen.

Das gilt auch noch für den Großteil der heutigen Regenbogenfamilien in Deutschland: Die meisten entstanden dadurch, dass mehrheitlich Frauen aus heterosexuellen Beziehungen ihre Kinder in eine neue, gleichgeschlechtliche Partnerschaft mitbrachten. Der Anteil schwuler Väter, die mit einem gleichgeschlechtlichen Partner und Kindern aus einer ehemaligen heterosexuellen Beziehung zusammenleben, ist sehr viel geringer.

Aktuell wächst jedoch eine neue Generation von Regenbogenkindern heran, die nicht aus einer früheren heterosexuellen Partnerschaft stammen, sondern in die gleichgeschlechtliche Partnerschaft hineingeboren werden – durch Samenspende (Insemination), Abbau von Hürden bei der Adoption in Deutschland (Sukzessiv-Adoption) sowie Adoption oder Leihmutterschaft im Ausland. Das liegt unter anderem daran, dass sich aufgrund der steigenden gesellschaftlichen Akzeptanz homosexueller Lebensformen Schwule und Lesben früher outen und offenbar auch weniger Zeit für ihre sexuelle Identitätsfindung brauchen. Der »Umweg« über die heterosexuelle Paarbeziehung fällt damit weg.

So geschehen bei Steffi. Sie ist 25 Jahre alt, und ihr Coming-out als Lesbe liegt bereits lange hinter ihr. Mit ihrer jetzigen Partnerin lebt sie schon einige Zeit zusammen.

An ein Kind denkt Steffi oft, und sie meint, dass es zu ihrem Leben dazugehören sollte, Mutter zu werden. Aber erst will sie ihr Studium abschließen, einen Job suchen. In diesem Punkt unterscheidet sie sich also nicht von heterosexuellen Frauen ihres Alters. Dennoch beschäftigt sie das Thema mehr und anders als gleichaltrige Heterosexuelle. Und sie stößt auf Vorbehalte:

»Wenn ich das im Bekanntenkreis anspreche, dann fragen die meisten als Erstes: Und was machst du mit dem leiblichen Vater? Soll er aktiv beteiligt sein? Schließlich braucht das Kind ja auch eine männliche Bezugsperson! Sie versuchen quasi, das klassische Familienmodell, das sie kennen, auch auf mich zu übertragen beziehungsweise es zu retten – zumindest einen Teil davon. Nach meiner Partnerin wird gar nicht gefragt, dabei ist sie doch viel wichtiger als ein biologischer Vater, schließlich würde ich ja mit ihr eine Familie gründen wollen.«

Trotz dieser Vorbehalte, die Lesben und Schwule auch im eigenen Bekanntenkreis erfahren, wenn sie von ihren Familienplänen berichten, ist der Trend zum eigenen Kind klar erkennbar und lässt sich auch empirisch belegen. Laut einer vom Bundesjustizministerium in Auftrag gegebenen Studie über Regenbogenfamilien aus dem Jahr 2009 stammten zwar 46 Prozent der Kinder aus früheren heterosexuellen Beziehungen, aber bereits 42 Prozent wurden in eine gleichgeschlechtliche Lebenspartnerschaft hineingeboren. Deutlich weniger Kinder wurden adoptiert oder in Pflege genommen.[7]

Vom Lebenspartnerschaftsgesetz zum »Gayby-Boom« in den Großstädten

Die Formalisierung homosexueller Beziehungen durch das Lebenspartnerschaftsgesetz 2001 scheint der Gründung von Regenbogenfamilien einen regelrechten Schub versetzt zu haben, vor allem in den Großstädten. Schwulen- und Lesbenverbände sprechen von einem sogenannten Gayby-Boom, auch wenn sie das aufgrund fehlender Statistiken nicht mit Zahlen belegen können. In Berlin, Frankfurt, Köln oder München sind die Regenbogenfamilien nicht nur in der Szene sehr präsent, sondern in der mittleren und jüngeren Generation kennt fast jeder eine – manche nur vom Hörensagen, andere durch direkten Kontakt im Bekanntenkreis oder aus den klassischen Babykursen, die frischgebackene Eltern besuchen – egal ob Homo oder Hetero. Jede dritte Lesbe, so ist zuweilen zu hören, habe Kinder. Allerdings winken Kenner der Szene hier ab. Diese Zahl sei eindeutig zu hoch gegriffen.

Ein zuverlässigerer Gradmesser für die steigende Bedeutung von Regenbogenfamilien sind die Verbände, Vereine, Selbsthilfe- und politische Lobbygruppen, die sich auf kommunaler, nationaler und internationaler Ebene gegründet haben. Das Internet beschleunigt die Vernetzung auf allen Ebenen. Seit 2000 gibt es etwa die bundesweite »Initiative lesbisch-schwuler Eltern« (ILSE), die mittlerweile 30 Regionalgruppen in allen Bundesländern hat. Unter dem Dach des Lesben- und Schwulenverbands Deutschland gibt es weitere Gruppen und Anlaufstellen für Regenbogenfamilien.

Im März 2012 gründete sich mit NELFA (Network of European LGBT Families Associations) eine weitere politische Lobbygruppe für Regenbogenfamilien, die auf europäischer Ebene agiert. Die Liste ließe sich fortsetzen. Dass die Zahl der Regenbogeneltern in den vergangenen zehn Jahren deutlich gestiegen sein muss, zeigt ein weiteres Novum. Es gibt Kurse, Workshops und Kuren speziell für Regenbogenfamilien – und zwar nicht nur von Schwulen- und Lesbenorganisationen. Auch das Kurzentrum Carolinensiel des Deutschen Roten Kreuzes, spezialisiert auf die Behandlung von Erkrankungen und gesundheitlichen Störungen von Erziehenden, bietet in diesem Frühjahr (2014) erstmals eine Kur nur für Regenbogeneltern und ihre Kinder an.

Die steigende Anzahl von Regenbogenfamilien und die Einführung des Lebenspartnerschaftsgesetzes 2001 stehen in einem engen Zusammenhang. Zwar sind verpartnerte Schwule und Lesben noch nicht mit den gleichen Rechten ausgestattet wie Eheleute, doch die juristischen Regelungen stecken doch den »Rahmen für die Ausgestaltung von Elternschaft« ab, wie die Bamberger Familienforscherin Marina Rupp schreibt.[8] Und dieser Sicherheit bedarf es offenbar, um etwas so Dauerhaftes und Verantwortungsvolles wie Familie zu wagen.

Signalwirkung durch Stiefkind-Adoption

Signalwirkung hatte nach dem Lebenspartnerschaftsgesetz die Einführung der Stiefkind-Adoption im Jahr 2005, mit der die lesbische Partnerin beziehungsweise der schwule Partner nun auch rechtlich die leiblichen Eltern ablösen kann: »Diese Absicherung innerhalb der Paarbeziehung hat massive Veränderungen bewirkt. Das war, als hätte man einen Schalter umgelegt«, sagt Constanze Körner vom Berliner Regenbogenfamilienzentrum. Die Zahl der Anfragen steigt seitdem. Im Familienzentrum melden sich von Monat zu Monat mehr – nicht nur Frauenpaare, sondern auch zunehmend Männer mit ihren Partnern. Während in den Anfangsjahren ihrer Beratungstätigkeit fast nur Frauen kamen, stellt Körner heute nahezu Parität fest.

Die neuen Männer, die kommen, wollen meistens aktive Väter sein. Hin und wieder finden auch ein paar alleinstehende heterosexuelle Frauen oder Männer den Weg zum Zentrum. Sie hoffen, dass sie in der Beratungsstelle Informationen über Samenspenden oder Leihmütter bekommen beziehungsweise Kontakt zu Schwulen oder Lesben finden, die ebenfalls Kinder haben wollen. Der Kinderwunsch treibt alle um – unabhängig von der sexuellen Orientierung.

Stationen auf dem Weg zur Gleichstellung

1872
Das deutsche Reichsstrafgesetzbuch stellt mit dem Paragrafen 175 sexuelle Handlungen zwischen Personen männlichen Geschlechts unter Strafe.

1935
Die Nationalsozialisten verschärfen den Paragrafen 175. Unter anderem heben sie die Höchststrafe von sechs Monaten auf fünf Jahre Gefängnis an. Die neue Gesetzeslage ermöglicht es, Homosexuelle zu kastrieren, um »erbkranken« Nachwuchs zu verhindern.

1950

Die DDR kehrt zur alten Fassung des Paragrafen 175 zurück. Ab Ende der 1950er-Jahre wird Homosexualität unter Erwachsenen aber nicht mehr verfolgt.

1957

Nach einem Urteil des Bundesverfassungsgerichts bleibt homosexueller Geschlechtsverkehr in der Bundesrepublik weiterhin verboten.

1968

In der DDR ersetzt ein neues Strafrecht den Paragrafen 175: Paragraf 151 besagt, dass nur noch homosexuelle Handlungen von Frauen und Männern mit Jugendlichen bestraft werden.

1969

Homosexualität unter Erwachsenen ist auch in der Bundesrepublik nicht mehr strafbar.

1994

Nach der Wiedervereinigung hebt der Deutsche Bundestag den »Schwulenparagrafen« 175 auf.

2001

Die Homo-Ehe tritt in Kraft. Schwule und Lesben können eine formale Lebenspartnerschaft schließen.

2005

Die Stiefkind-Adoption wird zugelassen. Für eingetragene Lebenspartnerschaften gilt das Prinzip der Zugewinngemeinschaft

2010
Homosexuelle Lebenspartner dürfen laut Bundesverfassungsgericht bei der Erbschaftsteuer gegenüber Ehepaaren nicht benachteiligt werden.

Februar 2013
Das Bundesverfassungsrecht erweitert das Adoptionsrecht für Schwule und Lesben und lässt die Sukzessiv-Adoption zu. Jetzt können Adoptivkinder des gleichgeschlechtlichen Partners adoptiert werden. Ein gemeinsames Adoptionsrecht gibt es noch nicht.

6. Juni 2013
Das Bundesverfassungsgericht stellt gleichgeschlechtliche Lebenspartnerschaften im Steuerrecht der Ehe gleich. Das Ehegattensplitting muss auch für Partner in eingetragenen Lebenspartnerschaften gelten.

28. Juni 2013
Der Bundestag beschließt die steuerliche Gleichstellung von homosexuellen Paaren.

Regenbogenfamilien im Ausland: Zwischen Gleichstellung und Diskriminierung

Die Situation für gleichgeschlechtliche Paare und Regenbogenfamilien gestaltet sich in Europa höchst unterschiedlich, denn die gesetzlichen Regelungen variieren stark. Während in manchen Ländern die Eheschließung für Homosexuelle schon seit vielen Jahren möglich ist, sind gleichgeschlechtliche

Paare in anderen Ländern immer noch ganz oder von einigen Bereichen der Ehe sowie vom Adoptionsrecht ausgeschlossen.

Weltweit ist gleichgeschlechtliche Liebe in rund 80 Ländern noch immer illegal. In Afghanistan, Iran, Jemen, Mauretanien, Saudi-Arabien, Sudan und den Vereinigten Arabischen Emiraten können gleichgeschlechtliche Handlungen laut dem Deutschen Auswärtigen Amt sogar auf Basis der Scharia (insofern diese außereheliche geschlechtliche Beziehungen verbietet) mit der Todesstrafe geahndet werden.

Betrachtet man die Entwicklung aus der Perspektive jener Länder, die bei der Gleichstellung eine Vorreiterrolle spielen, hat sich dennoch in den vergangenen Jahrzehnten sehr viel bewegt. Die Niederlande führten 2001 als erstes Land der Welt die standesamtliche Ehe für Homosexuelle ein – mit dem Recht auf Adoption. Auch in Belgien haben lesbische und schwule Paare dieselben Rechte wie heterosexuelle, seit 2006 können sie nach den gleichen Regeln Kinder adoptieren wie heterosexuelle Paare. Das Gleiche gilt für Dänemark, Schweden, Großbritannien, Island und Norwegen. Sogar das katholische Spanien hat gleichgeschlechtlichen Paaren Ehe und Adoption ermöglicht.

Auch Frankreich öffnete im April 2013 die Ehe für homosexuelle Paare. Sie können, anders als in Deutschland, nun gemeinsam Kinder adoptieren. Allerdings war die rechtliche Gleichstellung von heftigen Protesten begleitet. Hunderttausende gingen gegen Homo-Ehe und Adoptionsrecht für gleichgeschlechtliche Paare auf die Straße. Auf europäischer Ebene wurde das Adoptions-Übereinkommen im Sinne gleichgeschlechtlicher Paare erweitert. War bis 1967 die Adoption Ehepaaren und Einzelpersonen vorbehalten, eröffnet eine Neufassung des Übereinkommens den europäischen Vertragsstaaten seit 2008 die Möglichkeit, »Paaren verschiedenen wie gleichen Geschlechts, die in einer stabilen Beziehung leben, eine Adoption zu erlauben«.[9]

Ungeachtet der rechtlichen Situation für schwule und lesbische Paare ist ihre Diskriminierung in vielen Ländern der Erde an der Tagesordnung, obwohl die Menschenrechte das Recht auf freie sexuelle Orientierung einschließen. Eine Selbstverständlichkeit ist das gleichgeschlechtliche Paar auch in Europa noch lange nicht, obwohl die Mitgliedstaaten der EU als vergleichsweise liberal und offen gelten.

Zwar hat die EU im Juni 2010 einen »Maßnahmenkatalog zur Förderung und zum Schutz der Ausübung aller Menschenrechte durch Lesben, Schwule, Bisexuelle und Transgender-Personen« verabschiedet. Doch genützt hat das Papier bislang nichts, wie Studien und Umfragen belegen. Laut einer von der niederländischen Regierung in Auftrag gegebenen Untersuchung verurteilt nach wie vor eine Mehrheit der Bürger in Europa die Liebe zwischen Lesben und Schwulen. Besonders stark ist die Ablehnung im Osten Europas, wo eine Mehrheit der Bevölkerung gleichgeschlechtliche Liebe nicht gutheißt.

Wie stark ausgeprägt die Homophobie immer noch ist und dass sie vom Staat sogar offiziell geschürt wird, lässt sich aktuell in Russland mit seinen Anti-Homosexuellen-Gesetzen beobachten. Die wenigen Regenbogenfamilien, die es dort gibt, befürchten weitere Repressalien, wenn sie Minderjährigen ihre Familienform als »normal« schildern. Das könnte – laut neuem Gesetz – als Propaganda für homosexuelle Lebensformen gewertet und entsprechend bestraft werden. Kürzlich schilderte eine lesbische Mutter, die mit ihrer Partnerin ein Kind großzieht, einer Journalistin der »Welt« ihren Alltag in Moskau:

> *»Wenn man mir sagt, dass wir Schwestern seien, bestreite ich das nie. Ich verstehe, wie hier die Einstellung ist. (...) Wenn man ein eigenes Kind hat, hat man andere Prioritäten. Wir wollen nicht zu viel über diese Themen reden.«*[10]

Regenbogeneltern wie sie haben nun Sorge, dass der Staat ihre Familien zerstört. »Das Kind muss eine Mutter und einen Vater haben«, äußerte sich jüngst Sergej Schelesnjak, ein Abgeordneter der Regierungspartei »Geeintes Russland«. Kinder, die in gleichgeschlechtlichen Familien aufwüchsen, bekämen ein ernsthaftes Trauma. Die Leiterin des Familienausschusses Misulina erklärte, sie prüfe rechtliche Möglichkeiten, gleichgeschlechtlichen Familien in Russland die Kinder wegzunehmen. Seitdem versuchen Regenbogenfamilien mit ausreichenden finanziellen Ressourcen und Kontakten ins Ausland, das Land zu verlassen, weil sie keine Zukunft für sich und ihre Kinder in Russland sehen.

Aber auch in vermeintlich liberalen Staaten fühlen sich homosexuelle Paare trotz zunehmender rechtlicher Gleichstellung im Alltag diskriminiert und verheimlichen deshalb ihre Identität und ihre Beziehung. Bei einer Umfrage der EU-Grundrechte-Agentur gab fast die Hälfte der Befragten an (47 Prozent) an, 2012 wegen ihrer sexuellen Orientierung diskriminiert worden zu sein (in Deutschland 46 Prozent).[11] Zwei Drittel sagten, sie wagten es nicht, in der Öffentlichkeit Hand in Hand zu gehen. Eine 28-jährige lesbische Italienerin berichtete:

»Ein Kollege sagte mir, er respektiere mich, aber denke, ich sei abnormal (...), in wenigen Worten: Meine sexuelle Orientierung sei seiner Meinung nach widernatürlich.«

»Schwule Sau«

Vor allem die Schule scheint nach dieser Umfrage ein Ort besonders häufiger Diskriminierung zu sein. 80 Prozent der befragten LGBT-Personen in Europa erinnerten sich an negative Äußerungen oder schikanöses Verhalten während ihrer Schulzeit. Geändert hat sich das in den letzten Jahren offenbar kaum, denn zu ähnlichen Ergebnissen kam eine Studie an der Humboldt Universität Berlin, die 2011 und 2012 Daten an Berliner Schulen (sechste und neunte Klasse) erhoben hatte. Demnach sind vor allem homophobe Beschimpfungen weitverbreitet. Die Wörter »schwul« oder »Schwuchtel« werden von 62 Prozent der Berliner Sechstklässler und von 54 Prozent der Neunt- und Zehntklässler verwendet. »Lesbe« ist für 40 Prozent der Sechstklässler und für 22 Prozent der Neunt- und Zehntklässler ein gängiges Schimpfwort. Auch »schwule Sau« rangiert an deutschen Schulen ganz weit oben auf der Skala.

Spricht man mit Schulleitern, Lehrern und Schülern – egal, ob Haupt-, Real-, Gemeinschaftsschule oder Gymnasium –, spiegelt sich die Berliner Umfrage in fast allen Antworten. Schwul ist und bleibt ein Schimpfwort.

Vor diesem Hintergrund sind Zweifel an der vom Bundesjustizministerium 2009 in Auftrag gegebenen Studie angebracht, die unter anderem die Diskriminierung von

Kindern aus Regenbogenfamilien untersucht hat. In dieser ersten und bislang einzigen umfassenden Studie über das Aufwachsen von Regenbogenkindern in Deutschland gaben immerhin 46 Prozent der befragten Mädchen und Jungen an, Diskriminierung erlebt zu haben. Die Eltern selbst schätzen den Grad der Diskriminierung ihrer Kinder jedoch viel geringer ein. Studienleiterin Marina Rupp besänftigt: »Es gibt Hänseleien. Vier von zehn Kindern erlebten vermutlich diskriminierende Sprüche oder Ähnliches. Allerdings kommt Härteres wie Mobbing oder Gewalt sehr selten vor.«[12]

»Hoden haben keine Eizellen«

Die Beispiele zeigen, dass die juristische Gleichstellung gleichgeschlechtlicher Paare und ihre gesellschaftliche Anerkennung zwar zusammengehören, aber selten im Gleichschritt unterwegs sind. Ausgerechnet im Land der Freiheit, Gleichheit und Brüderlichkeit offenbarte sich im vergangenen Jahr exemplarisch, dass Rechtsprechung und Gesetzgebung der öffentlichen Toleranz oder gar Akzeptanz gleichgeschlechtlicher Lebensformen oft meilenweit vorauseilen. Hunderttausende waren in Paris und anderen Städten gegen die Pläne des sozialistischen Präsidenten François Hollande auf die Straße gezogen, gleichgeschlechtliche Partnerschaften der Ehe gleichzustellen sowie Schwulen und Lesben die gemeinsame Adoption zu erlauben, obwohl es dafür im Parlament eine Mehrheit gab. »Hoden haben keine Eizellen«, skandierte die französische Komikerin Virginie Telenne, die sich selbst den Kunstnamen »Frigid Barjot«

gab, unter dem Jubel gleich gesinnter Franzosen. Die Situation eskalierte, nachdem das Gesetz über die Homo-Ehe am 18. Mai 2013 in Kraft getreten war. Randalierer lieferten sich Gefechte mit der Polizei.

Viele ausländische Beobachter haben die Lust der Franzosen am Aufstand als homophobes Desaster gedeutet. Auf Teile der Protestbewegung trifft das ganz sicher zu. Aber eine Katastrophe für die Demokratie und den Minderheitenschutz waren die Demonstrationen rückblickend betrachtet nicht. Im Gegenteil. Die Straßenkontroverse mit ihren anfangs sehr simplen Pro-kontra-Parolen brachte auch eine intensive und notwendige Debatte über die langfristigen Konsequenzen einer Entkopplung von Sexualität und Elternschaft hervor. Unter anderem ging es um die Frage der Leihmutterschaft, was von Homo- wie Heterosexuellen gleichermaßen kontrovers diskutiert wird. Und es ging um die Kernfrage bei allen Debatten über Regenbogenfamilien: Hat ein Kind ein Recht auf Vater und Mutter?

»Elternteil 1« und »Elternteil 2«

In der bunten französischen Protestbewegung formierten sich nicht nur Katholiken und politische Konservative, denen die Ehe heilig ist, sondern auch Gegner aus ganz anderen Lagern. Die Philosophin, Feministin und Frau des sozialistischen Expremiers Lionel Jospin, Sylviane Agacinski, etwa schrieb in der Zeitung *Le Monde,* es gebe immer genau einen Vater und genau eine Mutter, selbst wenn ein Part verheimlicht werde, was bei den Kindern oft zu »seelischen Verwüstungen« führe. Auch Leihmutterschaft sei Mutterschaft, niemand habe »zwei Mütter« oder »zwei Väter«, so Agacinski. Sie revidierte aus philosophischer Perspektive das Bild der oft anonymen Helfer als gesichtsloser und emotionsneutraler Spender. Gleichzeitig führte sie die Debatte weg vom Homo-Hetero-Schema. Stattdessen machte sie auf die ethische Problematik der Fortpflanzungsmedizin und des Prinzips »Alles ist machbar« aufmerksam. Darüber, so meint die Philosophin, müsse die Gesellschaft gemeinsam diskutieren:

»Die Spender und Spenderinnen von Samen oder Eizellen sind zuallererst Menschen. Man sagt, dass sie einem Paar nur Zellen geben, obwohl sie dazu beitragen, einem Kind das Leben zu schenken. Und dieses Kind wird eines Tages darüber Rechenschaft verlangen (...) Deshalb müssen wir dringend weltweit über die Rolle der Fortpflanzungsmedizin und über die ethischen Bedingungen für diese Praktiken nachdenken (...).«[13]

Andere Intellektuelle befürchteten eine »Neutralisierung der Geschlechtlichkeit« durch Homo-Ehe und Regenbogenfamilien. Die Psychoanalytiker Monette Vacquin und Jean-Pierre Winter bemühten Freud und warnten davor, die Sprache steril und geschlechtergleich zu machen, indem man Vater und Mutter aus dem Code civil, dem Bürgerlichen Gesetzbuch, und damit aus der gesellschaftlichen Wahrnehmung vertreibe. Ein Kind habe das Recht auf Mutter und Vater – und nicht auf einen genderkonformen »Elternteil 1« und »Elternteil 2«.[14]

Das denkt auch ein Großteil der französischen Durchschnittsbürger, die sich in der Kontra-Bewegung sammelten. »Meine ganze Familie war in Paris auf der Straße«, sagt Nicolas (38), ein in Deutschland lebender Franzose, der die Debatte in beiden Ländern gespannt verfolgt. Zu seinem Bekanntenkreis zählen auch Homosexuelle, aber die Schritte zur ultimativen Gleichstellung mit der Ehe von Mann und Frau gehen ihm zu weit. Zwar begrüßt er die Gleichbehandlung – etwa im Familien-, Erb- oder Steuerrecht. Dennoch stört er sich daran, dass der Begriff »Ehe« neu definiert wird. Probleme hat er auch mit einem Slogan der Pro-Demonstranten für den freien Zugang lesbischer Paare zur künstlichen Befruchtung mit anonymen Samenspenden: »Mieux vaut deux mères qu'un père de merde – Zwei Mütter sind besser als ein Scheißvater.«

»Ein Vater ist offenbar – rein technisch betrachtet – kein Muss, so Nicolas M. Er fragt sich: »Dürfen das die Mütter einfach so bestimmen? Geht es hier tatsächlich nur um die Gleichbehandlung aller Bürger – oder wird hier auch eine wichtige Eigenschaft der Menschen verändert?«

Die französische Debatte ist längst nicht zu Ende, und sie zeigt, welche Auseinandersetzungen auch in Deutschland noch bevorstehen könnten, wenn der Gesetzgeber die gemeinsame Adoption als letzten Schritt auf dem Weg der Gleichstellung von Homo- und Hetero-Ehe durchsetzt. Verglichen mit dem Anerkennungsmarathon der vergangenen Jahrzehnte scheint es bis dahin nur noch ein winziger Schritt zu sein, zumal das Bundesverfassungsgericht den Weg vorgezeichnet hat.

Aber es lässt sich auch positiv und als Herausforderung für eine Gesellschaft sehen, wenn sie offen diskutiert, anstatt Gesetze einfach nur hinzunehmen und anschließend nach den eigenen Regeln weiterzuleben. Das Beruhigende am französischen Vorbild ist: Die polarisierende Debatte hat den bunten Regenbogen über dem Eiffelturm weder vom Himmel gebannt noch schwarz-weiß gefärbt. Er ist immer noch da, gestärkt durch das Votum des französischen Parlaments. Die skeptische Hetero-Welt wird ihn deshalb nicht lieben, aber sich an den Anblick gewöhnen.

Umgekehrt müssen Regenbogeneltern es aushalten, wenn über ihre Lebensform kontrovers diskutiert wird. Denn mögliche Folgen einer Auflösung von Sexualität und Elternschaft – egal, ob negativ oder positiv – trägt die nächste Generation, völlig unabhängig von ihrer eigenen sexuellen Orientierung.

Gleichstellung und Familiengründung

Auch wenn die rechtliche Gleichstellung von homosexuellen mit heterosexuellen Partnerschaften in Teilen der europäischen Bevölkerung auf Skepsis stößt, haben die juristischen Schritte nachweislich Einfluss auf die Familiengründung. Das zeigt sich beispielsweise in Schweden. Das Land gehört, was die LSGBT-Lebensformen betrifft, zu den liberalsten der Welt und hat den Weg für Regenbogenfamilien zu einer Zeit geebnet, als die Homo-Ehe in Deutschland und vielen anderen europäischen Ländern noch als Skandal galt. Bereits 1995 konnten Männer und Frauen ihre gleichgeschlechtliche Partnerschaft anerkennen lassen, seit 2002 dürfen sie schwedische und ausländische Kinder adoptieren. Die Zahl der Kinder, die in gleichgeschlechtlichen Partnerschaften leben, stieg vom Ende der 1990er-Jahre bis Ende 2008 um mehr als das Zehnfache an. Ähnliche Entwicklungen lassen sich in Norwegen beobachten.[15]

Wie präsent die Regenbogenfamilie mittlerweile in der schwedischen Gesellschaft ist, zeigt ein Blick auf die Kinder- und Jugendbuchliteratur, in der gleichgeschlechtliche Paare mit Kindern ganz selbstverständlich thematisiert werden. In Deutschland gibt es kaum Vergleichbares. Bücher über Kinder mit zwei Müttern oder zwei Vätern existieren fast ausschließlich als Übersetzungen aus anderen Ländern. Seit 2005 ist in Schweden auch die künstliche Befruchtung für lesbische Paare erlaubt – anders als in Deutschland, wo viele Regenbogenkinder in einer rechtlichen Grauzone gezeugt werden. 2009 folgte dann die Öffnung der Ehe für gleichgeschlechtliche Paare.

Auch in Australien, viele Jahre lang nicht gerade eine Speerspitze der Homosexuellen-Bewegung, zeigt die rechtliche Gleichstellung von schwulen und lesbischen Partnerschaften Wirkung. Laut einer Untersuchung des Australien Bureau of Statistics aus dem Jahr 2013 über gleichgeschlechtliche Partnerschaften gibt es in den dortigen Regenbogenfamilien heute doppelt so viele Kinder wie 2001.

Einen ähnlichen Trend beobachten Wissenschaftler in den USA, wobei die Zahlen – wie überall – auch hier nur Schätzwerte sind. Forscher des U. S. Census Bureau fanden kürzlich bei einer Untersuchung über gleichgeschlechtliche Paare heraus, dass bei 26,5 Prozent der lesbischen Paare Kinder mit im Haushalt lebten – 1990 waren es nur 22 Prozent. Bei den schwulen Lebensgemeinschaften erhöhte sich die Quote im gleichen Zeitraum sogar von fünf auf fast 14 Prozent.[16]

Auf Umwegen zum Kind

Adoption, Pflegschaft, Leihmutterschaft und Insemination

Homosexuelle, die eigene Kinder haben möchten, müssen dies in der Regel lange und präzise planen. Der spontane One-Night-Stand, mit dem manche heterosexuellen Singlefrauen ihren Kinderwunsch zu erfüllen versuchen, scheidet für lesbische Paare aus. Allerdings ist ihr Umweg zum Kind immer noch einfacher als für schwule Paare. Laut der Bamberger Studie über Regenbogenfamilien wurden 42 Prozent der leiblichen Kinder in eingetragenen Lebenspartnerschaften mithilfe einer Samenspende gezeugt. Das heißt, dass eine lesbische Partnerin künstlich befruchtet wird und die andere Partnerin die Rolle der sozialen Mutter (Co-Mutter) übernimmt.

Viele Lesben mit Kinderwunsch suchen zunächst nach einem Samenspender im Freundes- und Bekanntenkreis, wobei schwule Männer oder Paare bevorzugt werden. Dahinter steht oft der Wunsch, dass der biologische Vater nicht nur Spender sein, sondern eine mehr oder weniger aktive Rolle beim Aufwachsen des Kindes spielen sollte. Manchmal übernehmen die leiblichen und die sozialen Eltern sogar paritätisch Verantwortung für ein Kind und ziehen es gleichberechtigt groß. Allerdings sind diese sogenannten Queer-Familien selten – auch weil die Abstimmung zwischen zwei Müttern und einem beziehungsweise zwei Vätern eine Herausforderung ist, die viele Paare scheuen.

Heterologe Insemination

Andere lesbische Paare bevorzugen einen fremden Samenspender (heterologe Insemination) – entweder, weil sich im Freundeskreis kein Spender findet, oder aber, weil sich das Paar bewusst dafür entschieden hat, dass der biologische Vater außen vor bleibt. Manche Frauen nutzen Szenemagazine oder einschlägige Internetportale wie *spermaspender. de* als Vermittlungsinstanz. Dort finden sich Kleinanzeigen wie diese:

»Hallo ihr lieben Männer. Meine Freundin und ich haben schon längere Zeit den Wünsch eines Kindes. da wir aber ein lesbisches paar sind, kann ich meiner Freundin diesen wunsch leider nicht erfüllen. deshalb möchte ich mich an euch liebe Männer wenden und euch um eure samen für unseren wunsch bitten. wir suchen einen seriösen u ehrlichen Spender der uns via Bechermethode hilft unseren Kinderwunsch zu erfüllen. Es wird NUR die Bechermethode verwendet also KEIN Sex (weder normal noch verkürzt) der Spender sollte zw 25 und 38 jahre alt sein.«

»Wir sind ein glückliches Lesbisches Pärchen und suchen einen Jungen Mann ab 18 bis max 36 Jahren der

grüne Augen haben muss und aus der Gegend NRW Nidersachsen evtl Bremen kommen sollte. Wir fahren zu deinem Ort hin und entschädigen auch in Rahmen nicht zu übertriebenen Preisen, du solltest aber uns vorab ein Bild schicken und vor Ort Gesundheitsunterlagen vorlegen können.«

Die eBay-Sorglosigkeit befremdet, mit der einige homosexuelle, aber auch heterosexuelle Paare und Single-Frauen anonym im Netz nach potenziellen Erzeugern suchen – und umgekehrt Männer ihren Samen feilbieten, als handle es sich um Anabolika-Pillen:

> *»Hallo holde Damenwelt, ich biete mich hier als Samenspender an. Mein Urologe bezeichnet mich als Zuchtbullen! Ich bin ein großer, deutscher, Sportler und habe Informatik studiert. Meine guten Freundinnen beschreiben mich als lustig und recht attraktiv. Bitte schreibt mir mit Mailadresse oder Handynummer wie ich euch erreichen kann! Traut euch! Ich bin ein ganz Lieber!«*

Die Risiken einer solchen Vermittlung liegen auf der Hand: Weder lässt sich der Gesundheitszustand des Spenders seriös überprüfen, noch lassen sich mögliche rechtliche Risiken wie Sorgerechtsklagen oder Unterhaltsansprüche klären. Mal ganz abgesehen davon, dass das geplante Kind schon zur Ware degradiert wird, bevor es auf der Welt ist – frei nach dem Werbeslogan des virtuellen Kaufhauses: »Drei – zwei – eins: meins«.

Deutlich seriöser sind der Weg über eine Samenbank,

die ihre Spender auf Krankheiten prüfen muss, beziehungsweise die sogenannte assistierte Insemination in einer Praxis oder Kinderwunschklinik. Allerdings ist dieser Weg für lesbische Frauen erschwert. Zwar ist die Insemination durch einen Fremdspender in Deutschland nicht verboten, doch nur wenige Ärzte und Kliniken führen diese Methode auch bei gleichgeschlechtlichen Paaren durch. In der Richtlinie der Bundesärztekammer zur »Durchführung der assistierten Reproduktion« aus dem Jahr 2006 heißt es: »Methoden der assistierten Reproduktion sollen unter Beachtung des Kindeswohls grundsätzlich nur bei Ehepaaren angewandt werden.« Die Kammer rät den Ärzten auch deshalb ab, weil sie rechtliche Folgen für die Mediziner im Einzelfall nicht ausschließen kann – etwa wenn später Unterhaltsansprüche geltend gemacht werden sollten.

Aufgrund der unsicheren rechtlichen Lage in Deutschland weichen viele lesbische Paare ins Ausland aus und lassen die künstliche Befruchtung beispielsweise in Dänemark durchführen. Hier ist sogar eine sogenannte No-Spende (anonyme Samenspende) möglich, was in Deutschland verboten ist. Kinder, die mithilfe einer Samenbank beziehungsweise einer Klinik in Deutschland gezeugt werden, müssen einen Yes-Spender haben. Diese Männer verpflichten sich, dass die von ihnen gezeugten Kinder mit dem 18. Lebensjahr erfahren können, wer der Spender war. Damit wird das Recht des Kindes garantiert, um seine Abstammung zu wissen. Rechtliche Ansprüche an den biologischen Vater wie Unterhaltszahlungen sind damit in der Regel nicht verknüpft. Arztpraxen oder Kinderwunsch-Kliniken, die eine heterologe Insemination für lesbische Paare anbieten, erwarten in der Regel, dass diese verpartnert sind. Zudem müssen die Paare einen Behandlungsvertrag unterschreiben und sich verpflichten, dass sowohl die leibliche als auch die Co-Mutter für das Kind aufkommen und für es sorgen.

Adoption und Pflegschaft

Der Wunsch nach einem eigenen Kind im Sinne einer genetischen Verwandtschaft steht nicht bei allen homosexuellen Paaren im Vordergrund. Sie prüfen deshalb, ob eine Adoption oder eine Pflegschaft möglich ist.

Bei Fremd-Adoptionen (also der Adoption von Kindern anderer biologischer Eltern) kommen homosexuelle Paare in Deutschland fast nie zum Zug, denn die Wartelisten adoptionswilliger Eltern sind lang, und die meisten Jugendämter bevorzugen heterosexuelle Ehepaare. Das hat nur zum Teil mit möglichen Vorbehalten hinsichtlich der sexuellen Orientierung von Regenbogeneltern zu tun, sondern vor allem mit juristischen Unterschieden: Während (in der Regel verheiratete) Heterosexuelle gemeinsam ein Kind adoptieren können, ist gleichgeschlechtlichen Paaren dies bislang noch verwehrt. Zwar könnte ein Homosexueller theoretisch auch allein ein Kind adoptieren, denn die Adoptionsregeln sehen das in Einzelfällen vor. Aus der Sicht des Kindes, so die Argumentation der Adoptionsvermittlungsstellen, sind jedoch zwei Eltern immer eine bessere Absicherung als nur ein Elternteil. Also scheiden gleichgeschlechtliche Paare für eine Adoption de facto aus.

Immer mehr Mütter- und Väterpaare bemühen sich deshalb um eine Adoption im Ausland, auch wenn nur wenige Länder Kinder an lesbische und schwule Bewerberinnen und Bewerber vermitteln. Die Adoption läuft in der Regel über staatlich geprüfte Adoptionsvermittlungsstellen bei den Jugendämtern in Deutschland oder aber über im Ausland zugelassene Organisationen, wenn die deutsche Bundeszentralstelle für Auslandsadoption ihnen die Vermittlungstätigkeit gestattet hat. Ohne diese autorisierten Vermittlungsagenturen ist eine Adoption zumindest aus Staaten, die das sogenannte Haager Adoptionsübereinkommen unterzeichnet haben, auf legalem Weg nicht möglich. Das Haager Übereinkommen von 1993 reagierte erstmals auf die weltweite Zunahme von Auslandsadoptionen mit dem Ziel, Kinderhandel entgegenzuwirken. Zu den Unterzeichnern gehören beispielsweise Thailand, Indien und China.

Bei Adoptionen aus Staaten, die diese Vereinbarung zum Schutz der Adoptionskinder nicht unterschrieben haben, wie beispielsweise die Ukraine, verhält es sich etwas anders: Es ist zwar nicht grundsätzlich verboten, ein Kind auf eigene Faust, also ohne die offiziellen deutschen Vermittlungsstellen, zu adoptieren. Doch die Bundeszentralstelle für Auslandsadoption rät grundsätzlich davon ab. Eltern, die diese Warnung ignorieren, müssen nicht nur mit erheblichen Problemen bei der Einreise des Kindes rechnen, sondern auch bei der späteren Anerkennung der Adoption durch die Familiengerichte oder im Umgang mit anderen Behörden, etwa Standes- oder Passamt.

Da gleichgeschlechtliche Paare in Deutschland bislang kein gemeinsames Adoptionsrecht haben, erkennen die deutschen Behörden auch bei Auslandsadoptionen nicht beide Partner rechtlich als Adoptiveltern an. Das heißt, die Adoption ist nach deutschem Recht auch dann nicht gültig, wenn das Land, aus dem das Kind adoptiert wurde, beide

Adoptionseltern rechtlich anerkannt hat. Um das zu umgehen, adoptiert bei schwulen und lesbischen Paaren meistens nur einer das Kind. Anschließend kann der andere Partner in Deutschland über die sogenannte Sukzessiv-Adoption zum zweiten Elternteil werden. Das Bundesverfassungsgericht hat dies mit seinem Urteil vom 19.02.2013 erstmals erlaubt. De facto ist damit bereits die Grundlage für ein gemeinsames Adoptionsrecht für Homosexuelle geschaffen worden, auch wenn es zurzeit nur zeitlich verzögert gewährt wird. Im Urteil heißt es:

»Die Nichtzulassung der sukzessiven Adoption angenommener Kinder eingetragener Lebenspartner durch den anderen Lebenspartner verletzt sowohl die betroffenen Kinder als auch die betroffenen Lebenspartner in ihrem Recht auf Gleichbehandlung (...). Der Gesetzgeber hat bis zum 30. Juni 2014 eine verfassungsgemäße Regelung zu treffen. Bis zur gesetzlichen Neuregelung ist das Lebenspartnerschaftsgesetz mit der Maßgabe anzuwenden, dass die Sukzessiv-Adoption auch für eingetragene Lebenspartnerschaften möglich ist.«

Die Adoption eines nicht leiblichen Kindes durch homosexuelle Paare in Deutschland wird jedoch voraussichtlich trotz der zu erwartenden rechtlichen Neuregelungen eine Ausnahme bleiben. Zum einen wollen bislang nur sehr wenige gleichgeschlechtliche Paare ein Kind adoptieren, was nicht nur auf die rechtliche Situation zurückzuführen ist. Aber selbst wenn ein neues gemeinsames Adoptionsrecht zu einem sehr unwahrscheinlichen Run auf die Adoptionsvermittlung in Deutschland führen sollte: Nach wie vor entscheiden die Mitarbeiter der Jugendämter über die konkreten Fälle. Zwar hatte sich insgesamt die Zahl der Bewerbungen um ein Adoptivkind nach Angaben des Statistischen Bundesamtes im Jahr 2012 in Deutschland leicht vermindert. Dennoch kommen rein rechnerisch auf jedes minderjährige Kind immer noch sechs mögliche Adoptiveltern. Insofern steht die aufgeregte Debatte um ein gemeinsames Adoptionsrecht für Homosexuelle in keinem Verhältnis zur geringen Zahl jener Kinder, die es tatsächlich betreffen würde.

Es geht also weniger um eine tatsächliche Bedürftigkeit aufseiten der Kinder, sondern um den letzten rechtlichen Schritt zur Gleichbehandlung von homosexuellen und heterosexuellen Paaren.

Weniger Vorbehalte bei der Pflegschaft

Ganz anders stellen sich die Gesetze des »Marktes« bei den Pflegekindern dar. Die Not ist groß, sodass hier die Vorbehalte gegenüber schwulen und lesbischen Paaren deutlich geringer sind – obwohl es in beiden Fällen um das gleiche Kindeswohl geht. Die Jugendämter in Deutschland suchen händeringend Familien, die bereit und fähig sind, Pflegekinder aufzunehmen. Paare mit Kinderwunsch schrecken vor der großen Verantwortung zurück, weil viele Kinder sozial oder emotional vernachlässigt sind, Gewalt oder sexuellen Missbrauch erfahren haben, entwicklungsverzögert sind oder aufgrund ihrer Biografie andere Beeinträchtigungen aufweisen. Zudem sind potenzielle Pflegeltern unsicher, ob sie als Familie auf Zeit taugen. Sie sorgen sich, ob sie es aushalten, wenn das Kind später doch wieder zu seinen leiblichen Eltern zurückmuss oder selbst entscheidet, diesen Schritt zu gehen. Denn die Grundidee der Pflegschaft ist es erst einmal nicht, Kinder dauerhaft in andere Familien zu vermitteln, sondern ihnen – wenn eben möglich – die Rückkehr zum leiblichen Vater und/oder zur leiblichen Mutter zu ermöglichen.

Während die Politiker noch lautstark darüber streiten, ob man Homosexuellen ein gemeinsames Adoptionsrecht einräumen soll oder nicht, gibt es diese Debatte interessanterweise bei der Pflegschaft nicht. Offenbar sind Lesben und Schwule als Pflegeeltern prinzipiell geeignet, als Adoptiveltern aber nicht. Die Vorbehalte schmelzen analog zur steigenden Zahl von Pflegekindern, die eine neue Familie brauchen.

Zwar prüfen die Jugendämter in der Regel sehr genau, ob ein Paar zu einem Kind passt und nicht umgekehrt. Dennoch sind viele Behörden froh, wenn auch schwule und lesbische Paar bereit sind, nach einer längeren Vorbereitungszeit ein Pflegekind aufzunehmen.[1] Auch anderswo in Europa verschwinden die Vorurteile gegenüber schwulen und lesbischen Pflegepaaren. Im benachbarten Österreich wirbt unter anderem die Stadt Wien ganz offiziell um gleichgeschlechtliche Eltern für Pflegekinder. Die Plakate zeigen ein Frauenpaar mit Kind unter dem Slogan »Wir bringen das zusammen«.

Auch in deutschen Großstädten wie Berlin, München und Frankfurt am Main freuen sich die Jugendämter über das zunehmende Interesse gleichgeschlechtlicher Paare an der Pflege. »Wir registrieren hier einen klaren Trend«, sagt Christiane Steinwedel vom Jugendamt in Frankfurt. »Immer mehr homosexuelle Paare melden sich – Frauen und Männer –, fast alle leben in einer eingetragenen Lebenspartnerschaft«. Auch in Frankfurt zeigt sich der Zusammenhang zwischen rechtlicher Gleichstellung und der Zunahme von Regenbogenfamilien. Seit 2001 steigen beim Jugendamt die Anfragen von gleichgeschlechtlichen Paaren, die ein Pflegekind aufnehmen wollen. Konkrete Zahlen dazu gibt es jedoch weder in Frankfurt noch in anderen Städten, da in den Statistiken nicht zwischen heterosexuellen und homosexuellen Pflegeeltern unterschieden wird.

Aus ihrer langjährigen Erfahrung weiß Christiane Steinwedel, dass sich gerade in wirtschaftlich unsicheren Zeiten immer weniger Eltern für ein Pflegekind finden lassen. Umso mehr freut sie sich über Anfragen von Regenbogenfamilien in spe. Das Jugendamt erwartet im Idealfall, dass einer der Eltern bereit ist, sich in der Startphase um das Kind zu kümmern und zu Hause zu bleiben. »Das ist für viele Paare auch eine Frage des Geldes«, sagt Steinwedel.

Bei der Auswahl der Pflegeeltern spiele die Frage nach homo oder hetero erst einmal gar keine Rolle. »Unsere Haltung ist nicht: Wir haben zu wenige Pflegeeltern, also greifen wir auch auf Schwule und Lesben zurück«, sagt Steinwedel. Im Gegenteil hält sie die Vermittlung an Homo-Paare für »eine absolut gleichwertige und gute Unterbringung von Pflegekindern«.

Die Jugendämter in Frankfurt und anderswo legen unisono Wert darauf, dass die potenziellen Pflegeeltern, egal, ob homo oder hetero, seit mehreren Jahren eine stabile Partnerschaft führen, gemeinsam wohnen und dies auch nachweisen können. Viel wichtiger als das Geschlecht ist den Mitarbeitern die Frage, ob ein Paar damit umgehen kann, wenn ein Kind in seiner Entwicklung verzögert ist oder möglicherweise sogar Folgeschäden von Drogen- oder Alkoholmissbrauch der leiblichen Eltern aufweist.

Und was sagen die leiblichen Eltern? Haben sie Vorbehalte, wenn ihr Kind zu Schwulen oder Lesben kommt? Christiane Steinwedel schüttelt den Kopf, denn sie hat schon häufiger das genaue Gegenteil erlebt.

»Es gibt Frauen, die ihr Kind lieber an schwule Männer ›abgeben‹. Vielleicht deshalb, weil sie dann weiterhin uneingeschränkt Mutter sein können. Das funktioniert umgekehrt auch bei manchen leiblichen Vätern, wenn ihr Kind zu einem lesbischen Paar kommt.«

Allerdings gibt es auch Vorbehalte in den Jugendämtern. Nicht alle Mitarbeiter sind davon überzeugt, dass homosexuelle Paare gute Pflegeeltern sind. Steinwedel berichtet vom Fall eines frühgeborenes Kindes mit gesundheitlichen Beeinträchtigungen. Nach ihrer Schilderung gab es zwei Paare zur Auswahl: ein älteres Lehrerehepaar und ein Frauenpaar, bei dem die eine potenzielle Pflegemutter Kinderärztin war. Steinwedel und ihr Team hielten das lesbische Paar aufgrund der Vorgeschichte des Kindes für geeigneter, doch der amtliche Vormund des Kindes sah das anders. Schließlich legte Steinwedel dem Vormund die Profile der potenziellen Pflegeeltern in anonymisierter Form vor – am Ende wurde das Kind an das gleichgeschlechtliche Paar vermittelt. »Danach war uns klar: Wir müssen auch hier bei uns noch viel Überzeugungsarbeit leisten«, sagt Steinwedel. Ihre bisherigen Erfahrungen mit den gleichgeschlechtlichen Pflegeeltern beschreibt sie als ausgesprochen positiv – mit einer Einschränkung:

»Wir begleiten diese Kinder über mehrere Jahre hinweg und stellen keine Unterschiede zu heterosexuellen Konstellationen fest. Für die Pflegekinder ist oder wird die Regenbogenfamilie Normalität. Wir haben allerdings noch kein Pflegekind, das bereits volljährig und in einer Lebenspartnerschaft aufgewachsen ist. Unsere Erfahrungen sind hier also noch relativ jung.«

Leihmutterschaft

»›Leihmutterschaftsverträge‹, in denen sich eine Frau bereit erklärt, sich einer künstlichen oder natürlichen Befruchtung zu unterziehen oder einen nicht von ihr stammenden Embryo auf sich übertragen zu lassen oder sonst auszutragen, sind in Deutschland sittenwidrig und damit nichtig.«

Diesen klaren Hinweis finden Paare oder Alleinstehende, die ein Kind mithilfe einer Leihmutter austragen lassen wollen, auf der Seite des Deutschen Auswärtigen Amtes. Sowohl Eizellenspende als auch Leihmutterschaft sind verboten. Auch die Vermittlung von Leihmüttern, wie sie über Agenturen in anderen Ländern üblich ist, ist nach dem Adoptionsvermittlungsgesetz strafbar. Das Embryonenschutzgesetz stellt zudem jede ärztliche Hilfestellung in diesem Zusammenhang unter Strafe. Nicht strafbar machen sich hingegen die »Wuncheltern«. Konkret heißt das: Wer im Ausland (beispielsweise in den USA, der Ukraine oder Indien) nach dortigem Recht legal den Bauch einer Frau mietet, dafür bezahlt und das Kind nach der Geburt »übernimmt«, wird vom deutschen Rechtssystem nicht belangt.

Daraus ergibt sich eine juristisch wie ethisch-moralisch gleichermaßen verwirrende Lage: Kinder von Leihmüttern dürfte es in Deutschland eigentlich gar nicht geben. Es gibt sie aber, weil heterosexuelle und homosexuelle Paare oder Alleinstehende im Ausland zu ihrem Wunschkind kommen und anschließend mit ihm in Deutschland leben. Damit stellt sich in jedem Einzelfall die Frage, wer die rechtlichen Eltern des Kindes sind.

In Deutschland gilt laut dem Bürgerlichen Gesetzbuch immer die Frau als Mutter, die das Kind geboren hat. Deshalb kann beispielsweise eine Frau aus Deutschland, die ein Kind über eine Leihmutter im Ausland austragen lässt, nach Angaben des Auswärtigen Amtes nicht die rechtliche Mutter dieses Kindes werden. Das geht selbst dann nicht, wenn die »Wunschmutter« die genetische Mutter ist, also wenn das Kind aus ihrer eigenen, künstlich befruchteten Eizelle im Bauch der Leihmutter entstanden ist. Konkret bedeutet das: Deutsche Behörden erkennen ausländische Geburtsurkunden nicht an, in denen die »Wunschmutter« auch als rechtliche Mutter eingetragen ist.

Anders ist das beim genetischen Vater eines Kindes, das durch eine Leihmutter im Ausland geboren wurde. Er kann unter bestimmten Voraussetzungen mithilfe der Vaterschaftsanerkennung auch der rechtliche Vater werden. Schwierig wird es jedoch, wenn die Leihmutter verheiratet ist: Dann gilt nach deutschem Recht ihr Ehemann als rechtmäßiger Vater, auch wenn im Ausland etwas anderes vereinbart wurde. Viele Wunschkind-Agenturen kennen die rechtlichen Hürden in Deutschland und anderen Ländern und vermitteln deshalb nur unverheiratete Leihmütter, damit der »Wunschvater« seine rechtliche Vaterschaft durchsetzen kann. Durch solche Praktiken wird das juristisch klare deutsche »Nein« zur Leihmutterschaft de facto zum Jein, denn indirekt fördert die Bundesrepublik im Ausland genau das, was sie eigentlich verhindern möchte. Eine breite öffentliche ethische Debatte wird jedoch darüber nicht geführt. Stattdessen werden juristische Entscheidungen in Einzelfällen getroffen – immer in der Sorge, einen Präzedenzfall zu schaffen, auf den sich andere berufen können.

Tabu in Deutschland, gängige Praxis im Ausland

Während das Thema in Deutschland ein Tabu ist, zeigen sich unter anderem die USA als Land der unbegrenzten Möglichkeiten. Allerdings nicht einheitlich, sondern nur in einigen Bundesstaaten. Hollywoodstars wie Sarah Jessica Parker und Nicole Kidman oder Musiker wie Elton John habe hier mit viel medialer Begleitmusik Leihmütter beauftragt, um Nachwuchs zu bekommen. Das gekaufte Kind ist legale und vor allem gewinnbringende Praxis. Viele Vermittlungsagenturen wenden sich explizit an Homosexuelle. Da in den USA die Leihmutterschaft für schwule Paare bereits seit Ende der 1980er-Jahre üblich ist, ist das Land auch für homosexuelle »Wunscheltern« aus Deutschland die erste Wahl, allerdings eine teure. Die Kosten für Leihmutter, Eizellenspende, Vermittlungsagentur und Anwaltsgebühren können bis zu 100.000 US-Dollar betragen. »Reproduktives Reisen« nennt der Pro-Familia-Bundesverband in einer Expertise die Wanderung der »Wuscheltern« ins Ausland:

> »*Reproduktives Reisen ist ein wachsendes und ein internationales Phänomen. In Deutschland ist es genauso relevant wie in England, Südamerika oder in muslimischen Ländern. Es kann davon ausgegangen werden, dass das Phänomen da besonders ausgeprägt ist, wo die Gesetzgebung oder kulturelle Normen bestimmte Behandlungen nicht zulassen.*«[2]

Innerhalb des Spektrums der modernen Reproduktionsmedizin ist das Thema Eizellenspende und Leihmutterschaft besonders umstritten. Unabhängig von der Schwarz-Weiß-Frage nach »richtig« und »falsch«, lässt sich eines objektiv festhalten: Die Auswirkungen der Leihmutterschaft auf die austragende Frau (die sich in der Regel aus finanziellen Gründen auf die Abmachung einlässt), die »Wuscheltern« und die Kinder selbst sind bislang kaum erforscht. Zwar gibt es Untersuchungen aus den USA sowie Großbritannien über die Erfahrungen von Leihmüttern, allerdings sind die Fallzahlen sehr gering.[3] Erste Studien über die Kinder von Leihmüttern deuten an, dass sie sich zwar normal entwickeln, sofern die sozialen Eltern offen über die Herkunft sprechen und, wenn möglich, Kontakt zur Leihmutter beziehungsweise Eizellenspenderin halten.[4] Diese wenigen ausländischen Stichproben reichen jedoch bei Weitem nicht aus, um valide beurteilen zu können, wie sich diese Familien langfristig entwickeln, welche Fragen die Kinder ihren Eltern stellen, ob sie Kontakt zu Leihmüttern oder Eizellenspenderinnen haben, und wenn ja – wie sich dieser gestaltet und was ihre ungewöhnliche Zeugung für die Ausbildung der eigenen Identität bedeutet.

Aber es geht nicht nur um die Kinder. Auch die Folgen der Reproduktionsmedizin für Familie und Gesellschaft insgesamt sind nicht absehbar und bei Weitem nicht ausdiskutiert. Theoretisch kann ein auf diese Weise gezeugtes Kind vier oder sogar fünf Eltern haben, wenn man von der maximalen Beteiligungsmöglichkeit bei der Kindesentstehung ausgeht. Angenommen, bei einem heterosexuellen Paar mit Kinderwunsch kann aus medizinischen Gründen weder die Frau Kinder bekommen noch der Mann Kinder zeugen. Sie suchen also eine Eizellenspenderin, lassen die von einer fremden Samenspende befruchtete Eizelle in die Gebärmutter der Leihmutter einpflanzen, die das Kind dann zur Welt bringt. Die sozialen Eltern wären dann die »Wunscheltern«. Aber nicht nur dieses Maximum an Eltern ist möglich, sondern auch das Gegenteil. In Großbritannien wird davon ausgegangen, dass in den letzten Jahren bis zu 50 Kinder nach dem Tod eines Elternteils gezeugt wurden[5] – mit dem eingefrorenen Sperma der Männer.

»Die Zeugung ist Teil der Familiengeschichte«

Der Soziologe und Geschlechterforscher Gerhard Amendt, von Kritikern als Antifeminist bezeichnet, warnte bereits in den 1980er-Jahren vor den Folgen der Reproduktionsmedizin – auch mit Blick auf gleichgeschlechtliche Paare. Damals stand die Debatte ganz an den Anfängen, und homosexuelle Elternschaft war in der Wahrnehmung der Bevölkerung exotischer als heute. Kinder, die aus »Arrangements« wie Leihmutterschaft oder »heterologer Besamung« (Fremd-Samenspende) hervorgingen, kritisierte Amendt, seien versehrt und von ihren Eltern »irreversibel ursprungsmanipuliert«.[6] Die Forderung der Homosexuellen nach Elternschaft nannte er »legitimationsbedürftig«. Elternschaft sei »keineswegs ein disponibles Element einer spaßgesellschaftlich interpretierten Kultur«. Amendt argumentierte, dass Eltern (vor allem homosexuelle), die die Reproduktionsmedizin in Anspruch nehmen, gegenüber der Gesellschaft eine ethische Begründungspflicht für ihr Handeln hätten. Im Grunde sprach Amendt Homosexuellen jedoch ab, überhaupt in der Lage zu sein, ihre Entscheidung plausibel begründet zu können:

»(...) das homosexuelle Fortpflanzungsbegehren stellt eine (...) Neuerung dar, die einerseits von der Entwicklung der Reproduktionstechnologie gefördert wird und andererseits eine langfristige Kulturfolgenabschätzung jenseits spontan getroffener LifestylePräferenzen erzwingt. Lifestyle-Freiheit kann mancherlei heißen; schwerlich aber heißt es, dass jede aus sexueller Neigung abgeleitete Elternschaftsphantasie zu akzeptieren ist.«[7]

Die Familientherapeutin Petra Thorn begleitet inzwischen seit vielen Jahren Paare, deren Kinder mithilfe der Reproduktionsmedizin entstanden sind, darunter auch gleichgeschlechtliche Eltern. Ihre Erfahrung ist heute, dass die Paare sehr verantwortungsbewusst mit ihrer Entscheidung umgehen. Wichtig ist für Thorn, welchen Zugang die so entstandenen Kinder zu ihrem Ursprung haben. Dazu gehört aus Sicht der Expertin das Wissen um die biologische Abstammung, aber eben auch um die Schwangerschaft einer Leihmutter, selbst wenn diese mit dem Kind nicht genetisch verwandt ist, weil das Kind nicht aus ihrer eigenen, sondern aus einer fremden Eizelle entstanden ist:

»Das Austragen eines Kindes ist Teil der Ursprungsgeschichte eines Menschen. Viele Kinder, die durch eine Leihmutterschaft entstanden sind, sind davon abgekoppelt. Wir wissen durch Studien über Kinder, die durch Samen- und Eizellenspenden entstanden sind, dass dies für viele problematisch und sehr frustrierend ist, wenn ihre Eltern diesen Ursprung ausblenden.«

Petra Thorn ist keine grundsätzliche Gegnerin von Leihmutterschaft, wenn es sich um eine »kollaborative« Leihmutterschaft handelt. Das kann beispielsweise der Fall sein, wenn eine Frau für ein befreundetes Paar, das unfruchtbar ist, ein Kind austrägt. Dann sollte, sagt Thorn im Gespräch, die Bedeutung dieser Hilfe »angemessen gewürdigt« werden und die »Leihmutter« vielleicht sogar, in Absprache mit allen beteiligten Personen, eine eindeutige Rolle erhalten. Die kommerzielle Variante der Leihmutterschaft (also die weitaus üblichere) bezeichnet die Expertin hingegen als hochproblematisch. Entscheidend ist für Thorn, dass alle Beteiligten in ihrer Autonomie respektiert werden. Das ist aus ihrer Sicht nicht der Fall, wenn Paare die Verbindung zwischen Kind und Leihmutter negieren, weil sie glauben, nur dann eine stabile Familienkonstellation für das Kind herstellen und es schützen zu können:

»Das ist doch eine paradoxe Situation: Auf der einen Seite wünscht man sich nichts sehnlicher als ein Kind, das gut aufgehoben ist. Andererseits blendet man die vorgeburtliche Bindung aus und kappt damit die Verbindung zwischen dem Kind und der Leihmutter.«

Eltern, so Thorns Rat, sollten in jedem Fall offen mit der Entstehung ihres Kindes umgehen. Dazu gehöre auch, die Zeugung als Teil seiner Entwicklung und der Familiengeschichte zu würdigen und das Kind darüber früh aufzuklären. Kinder, so ihre Forderung, sollten die Möglichkeit haben, selbst ihre Beziehung zu einem Samenspender oder der Leihmutter zu definieren: »Das müssen die Eltern aushalten.«

Regenbogeneltern plus Reproduktionsmedizin – das ergibt ungewöhnliche und völlig neue Familien- und Geschwisterkonstellationen. Ein Beispiel dafür ist der US-Psychologe und Bestseller-Autor Andrew Solomon. Er lebt mit seinem Ehemann und seinem leiblichen Sohn George in New York. Für sein neuestes Buch (»Weit vom Stamm«, Fischer 2013) hat er mehr als 300 Elternpaare interviewt, bei denen die Kinder so ganz anders sind als ihre Väter und Mütter – darunter Kinder mit Behinderungen, Autismus und Transsexuelle. Im Gespräch mit dem »Spiegel« thematisiert er seine Vaterrolle als Homosexueller und erzählt die ungewöhnliche Entstehungsgeschichte seiner eigenen Familien.[8] Sein Sohn George wurde mithilfe einer Leihmutter gezeugt – allerdings im Freundeskreis. Solomon und sein Mann haben eine Eizellenspenderin gesucht, die Eizelle wurde mit Solomons Samen künstlich befruchtet, und Laura, eine lesbische Freundin, trug das Kind für das schwule Paar aus. Diese wiederum hatte zuvor mit ihrer Partnerin zwei Kinder bekommen – der Samenspender war Solomons Mann John. Und es gibt noch ein viertes Halb-Geschwisterkind, denn Andrew Solomon hat einer weiteren guten Freundin zu einem Kind verholfen, das nun mit der Mutter in Texas lebt.

Was Solomon heute so selbstverständlich schildert, klingt nicht nur für Außenstehende gewöhnungsbedürftig. Es war auch für ihn selbst ein langer Prozess bis zur Vaterschaft. Er habe immer Kinder haben wollen, aber gedacht, als Schwuler keine Kinder haben zu können, beschreibt er rückblickend seine Situation. »Jahrelang habe ich darüber nachgegrübelt, ob ich nun zu meiner Neigung stehen und auf eine Familie verzichten sollte oder ob ich mich selbst belügen, mit einer Frau leben und Kinder haben sollte.« Solomon entschied sich für das Leben als schwuler Mann, dachte aber dennoch an eigene Kinder und fragte sich, ob er überhaupt ein guter Vater sein könne. Heute bejaht er das – auch aufgrund seines Einblicks in völlig unterschiedliche Familienkonstellationen als Psychologe:

>»Die Zeiten ändern sich. Als Schwuler eine Familie zu haben schien nicht länger unmöglich. Trotzdem blieb die Frage: Wie ist es, als Kind schwuler Eltern aufzuwachsen? Da hat es mir sehr geholfen, zu sehen, dass es so etwas wie eine normale Familie gar nicht gibt.«*

Die Kontroverse

Welches Familienbild hat die Bevölkerung?

Öffentliche Debatten über das Thema Familie verlaufen ähnlich wie die Auseinandersetzungen über die »richtige« und die »falsche« Schule: Alle reden mit, weil sie sich als Experten fühlen – was ja auch stimmt: Jeder hat eine Familie, in der er aufgewachsen ist. Jeder hat eine Vorstellung davon, wie Familie idealerweise aussehen sollte und wie nicht. Fragt man Menschen in seinem eigenen Umfeld spontan, was sie von Regenbogenfamilien halten, dann reflektiert jeder seine eigene Sozialisation, wenn er antwortet: Die Großmutter (75) überlegt genau drei Sekunden, um sich dann festzulegen: »Die können von mir aus zusammenleben. Aber mit Kindern? Das kann nicht gut gehen.« Der Großvater (86) schweigt, weil diese Familienform jenseits seiner Vorstellungskraft liegt. Eine Gleichaltrige aus dem Großstadtmilieu hingegen kennt jemanden, der in einer Regenbogenfamilie lebt. Und das findet sie gut. Der Neunjährige stutzt kurz, als er von Kindern hort, die zwei Mütter oder zwei Väter haben. Danach geht die Sache für ihn in Ordnung. Für die 55-jährige polnische Katholikin, die eigentlich ganz gut Deutsch versteht, braucht es eine Übersetzung. Aber selbst danach ist sie einigermaßen bestürzt, dass man darüber ein Buch schreibt. Regenbogenfamilien sind von ihrer Lebensrealität so weit entfernt wie die Erde vom Jupiter. Auch der Wessi (47) mit langjährigem Wohnsitz in Ostdeutschland hat von Regenbogenfamilien noch nie gehört. Und dann gibt es noch die große Gruppe mittelalter Großstadtbewohner aus Frankfurt, Berlin oder Köln, die begeistert losplaudern und einem Telefonnummern sowie E-Mail-Adressen von Freunden und Freundinnen zustecken, die eine Regenbogenfamilie gegründet haben.

Die Umfrage war nach wissenschaftlichen Kriterien nicht repräsentativ, aber beschreibt dennoch das Spektrum der öffentlichen Meinung. Es reicht von offener Ablehnung über Ignoranz und Duldung bis zu Toleranz, Befürwortung und Unterstützung. Wie hoch beziehungsweise niedrig die gesellschaftliche Akzeptanz homosexueller Lebensformen und gleichgeschlechtlicher Partnerschaften mit Kindern tatsächlich ist, lässt sich an verschiedenen Parametern ablesen. Vergleicht man die Einstellung der Bevölkerung, ermittelt durch Umfragen seit der Gründung der Bundesrepublik Deutschland, dann leben Homosexuelle im Jahr 2013 im Gleichstellungs-Paradies. Bei einer Meinungsumfrage des Soziologen und späteren hessischen Bildungsministers Ludwig von Friedeburg Anfang der 1950er-Jahre sagten 48 Prozent der Deutschen, gelebte Homosexualität sei »ein Laster«. Noch 1969, in den Jahren der globalen Studentenproteste und der sexuellen Revolution, wollte fast die Hälfte der Westdeutschen homosexuelle Handlungen auch künftig unter Strafe gestellt sehen. Diese Haltung spiegelte sich über Jahrzehnte hinweg auch im Bundestag, der der Bevölkerung jedoch einen Schritt voraus war, als er 1969 die Bestrafung homosexueller Handlungen unter Erwachsenen abschaffte. Unter dem Titel

»Späte Milde« schrieb der Spiegel über das Auseinanderklaffen zwischen Volkes Stimme und Gesetzgebung:

»Wie beim Bann gegen die Todesstrafe musste der Gesetzgeber besseres Wissen und höhere Einsicht gegen eines der hartnäckigsten Vorurteile deutscher Bürger durchsetzen.«[1]

Schwule und der Pädophilen-Verdacht

Die Verknüpfung zwischen Homosexualität und Kindern war damals nur in der häufigen Gleichsetzung von Schwulen und Pädophilen zu finden, während weibliche Homosexualität kaum thematisiert wurde. 1957 befasste sich das Bundesverfassungsgericht mit der Frage, ob die Bestrafung homosexueller Handlungen zwischen Männern gegen die Gleichberechtigung der Geschlechter verstoße, weil Sex zwischen Frauen ungestraft bleibe. In der Entscheidung hieß es, dass »anders als bei homosexuellen Frauen«, bei denen »ein weitgehender Gleichklang im Alter der Beteiligten« bestehe, »der typische homosexuelle Mann den Jüngling liebt und dazu neigt, ihn zu verführen«.[2]

Den Generalverdacht beziehungsweise die Befürchtung, dass schwule Männer auch pädosexuell seien, gibt es bis heute, und er wirkt auch in die Debatte um Regenbogenfamilien mit hinein. Neue Nahrung hat dieses Vorurteil in der letzten Zeit durch die Missbrauchsfälle in kirchlichen und reformpädagogischen Institutionen bekommen, im vergangenen Jahr durch die Diskussion um pädophile Gruppierungen innerhalb der Grünen.

Als die Partei sich Anfang der 1980er-Jahre im politischen Spektrum der Bundesrepublik etablierte, spielten Pädosexuelle und ihre Forderung nach straflosem Sex mit Kindern eine unrühmliche Rolle. Aber nicht nur sie, auch für andere Teile der Partei war der sexuelle Umgang zwischen Erwachsenen und Kindern kein Tabu, auch Sexualwissenschaftler plädierten für eine Liberalisierung des Sexualstrafrechts. Dabei ging es im Kern eben nicht um die wohlfeile Forderung aus der sexuellen Revolution, dass auch Kinder und Jugendliche ein Recht auf freie sexuelle Entfaltung hätten. Im Zentrum der Debatte standen nicht die Bedürfnisse von Minderjährigen, eine altersgerechte Sexualität frei und ohne Bevormundung entfalten zu dürfen.

Stattdessen zeigen die Beispiele, mit welcher Ignoranz, mangelnder Empathie und krimineller Energie hier Erwachsene ihre eigenen Wünsche als kinderfreundlich umdeuten. Ihnen lag daran, einen juristisch sauberen Weg zu finden, Sex zwischen Pädophilen und Kindern zu legalisieren. Zur Wahrheit gehört jedoch auch, dass nur ein kleiner Teil der Grünen sexuellen Missbrauch salonfähig und straffrei machen wollte. Vor allem Teile der grünen Frauenbewegung durchschauten die Forderungen von Anfang an und wehrten sich gegen die Unterwanderung der jungen Partei durch Pädophile.

Dennoch traf die Kritik an der mangelnden Distanzierung bis weit in die 1990er-Jahre hinein die Partei bis ins Mark. Aber nicht nur das. Vorwürfe gegen den Parlamentarischen Geschäftsführer Volker Beck sowie den damaligen Parteichef Jürgen Trittin, die bei alten Veröffentlichungen und Parteiprogrammen nah an der Linie der Pädophilen argumentiert beziehungsweise entsprechenden Passagen nicht widersprochen hatten, kosteten die ohnehin gebeutelten Grünen bei der Bundestagswahl 2013 weitere Stimmen.

Sündenfall der Grünen

Der Sündenfall der Grünen bei einem ihrer Kernthemen wird auch die künftigen Debatten über ein gemeinsames Adoptionsrecht für Schwule und Lesben nicht unbeeinflusst lassen. Die verhängnisvolle Verknüpfung von Pädophilie und Homosexualität wird in den Hinterköpfen verankert bleiben. Spätestens wenn das Bundesverfassungsgericht die Regierung erneut auffordert, das gemeinsame Adoptionsrecht für homosexuelle Paare zu ermöglichen, wird die Debatte auch mit der Warnung vor pädosexuellen Übergriffen verknüpft werden.

Welchen langfristigen strategischen Nutzen das grüne Dilemma für den konservativen Kreis der Union hat, zeigte Erika Steinbach, unmittelbar nachdem bekannt geworden war, dass Volker Beck die Öffentlichkeit getäuscht hatte. Sein 1988 im Sammelband »Der pädosexuelle Komplex« publizierte Artikel war nicht – anders als behauptet – durch den Herausgeber stark redigiert und damit verfälscht worden. »Die Fraktion Bündnis 90/Die Grünen hat mit Volker Beck als menschenrechtspolitischem Sprecher den Bock zum Gärtner gemacht«, twitterte Steinbach am 20. September 2013, zwei Tage vor der Bundestagswahl.

Der Gleichstellungspolitik hat dieses verdrängte Kapitel der grünen Vergangenheit einen Bärendienst erwiesen. Zwar haben die Auseinandersetzung mit einer kleinen pädophilen Minderheit in den Anfangsjahren der Grünen und die Frage eines gemeinsamen Adoptionsrechts für Homosexuelle nichts miteinander zu tun. Dann müsste man nämlich bei Adoption oder Pflegschaft durch Heterosexuelle ebenso argumentieren, denn Pädophilie ist kein Schwulen-Phänomen. Und doch wird in der politischen Debatte etwas, was längst getrennt schien, nun wieder neu in Verbindung gebracht.

Ein Skandal: Der erste schwule Fernsehkuss und seine Folgen

Neben den Bildern homosexueller Hochzeiten seit dem Lebenspartnerschaftsgesetz von 2001 hat kaum etwas die öffentliche Meinung über Schwule und Lesben als Paar und Familie so sehr geprägt wie ihre Rollen in Fernsehsoaps, Spielfilmen und Dokumentationen. Unvergessen ist der erste Schwulenkuss in einer deutschen Serie. Am 25. März 1990 küssten sich »Carsten« alias Georg Uecker und »Robert« alias Martin Armknecht in der *Lindenstraße*. Obwohl Ost- und Westdeutschland gerade mit einer anderen Form der Vereinigung beschäftigt waren, reagierte vor allem das konservative Bayern empört. Das war zu erwarten gewesen, denn schon in den 1970er-Jahren hatte sich der Bayerische Rundfunk aus dem öffentlich-rechtlichen Sendeschema ausgeklinkt, als Rosa von Praunheims Film *Nicht der Homosexuelle ist pervers, sondern die Situation, in der er lebt* bundesweit ausgestrahlt wurde. Nach dem ersten Schwulenkuss in der Lindenstraße soll die Produktionsfirma sogar Bombendrohungen erhalten haben. Trotzdem oder vielleicht gerade wegen dieser Fernseh-Provokation blieb die Serie ein Publikumsrenner.

Die Pro-und-kontra-Debatte wurde danach nicht nur in kleinen, gut informierten Kreisen und Lobbygruppen geführt, sondern die gesamte Gesellschaft nahm daran Anteil. Ein Gewöhnungseffekt setzte ein, und der Kuss-Skandal war schon bald keiner mehr. Es ging dabei fast ausschließlich um öffentlich gelebte homosexuelle Liebe – noch nicht um Homo-Hochzeit und schon gar nicht um Regenbogenfamilien. Die Idee, dass Schwule und Lesben auch Kinder haben könnten – und zwar miteinander – war für 99,9 Prozent der deutschen Bevölkerung in dieser Zeit jenseits ihrer Vorstellungskraft. Und nicht nur dort. Ein Blick in die USA zeigt, dass die Elternschaft von Homosexuellen allenfalls als ferne Zukunftsvision gehandelt wurde. 1970 schrieb der US-Autor und Futurologe Alvin Toffler in seiner literarischen Vision »Future Shock«:

»Wird die Homosexualität gesellschaftlich immer mehr akzeptiert, wird es eines Tages dazu kommen, dass homosexuelle Paare sogar heiraten und Kinder adoptieren (...) Selbst episkopale Geistliche in den USA werden Homosexualität dann öffentlich, freilich unter gewissen Umständen, bejahen. Und dann wird ein Gericht einem homosexuellen Paar, das zuverlässig und gebildet ist, eben auch die Elternrolle zubilligen.«[1]

Aus dem Zukunftsszenario spricht einerseits Weitsicht. Andererseits zeigt die Passage, mit wie viel Einschränkungen der Autor damals selbst an seine Vision heranging: Wenn überhaupt, dann würden nur gebildete und bodenständige Homosexuelle »Eltern« werden dürfen – eine Einschränkung, die bei heterosexuellen Paaren niemals gemacht wurde und wird. Dennoch traf Toffler vor rund vierzig Jahren ziemlich genau die Realität der Regenbogenfamilien von heute, die zur gebildeten Mittelschicht mit hohem Akademikeranteil gehören.

Nach dem ersten schwulen Serienkuss dauerte es noch einmal 13 Jahre, bis sich in Folge 899 der Lindenstraße am 23. Februar 2003 zwei Männer das Jawort gaben und den HIV-infizierten Jugendlichen Felix adoptierten. Die Filmemacher griffen damit einige Jahre nach dem Höhepunkt der Aidskrise eine damals gängige Praxis der Jugendämter auf. Da sich für zahlreiche Kinder von HIV-infizierten Müttern und Vätern keine Pflegeeltern finden ließen, sprachen die Mitarbeiter gezielt schwule und lesbische Paare an, obwohl Pflegschaft oder gar Adoption durch Homosexuelle damals noch weniger üblich waren als heute. Heterosexuelle Paare hätten diese Kinder nicht aufnehmen wollen – egal, ob die Mädchen und Jungen selbst infiziert gewesen seien oder nicht, erinnert sich der Grünen-Politiker Volker Beck:

»Das war natürlich auch ein zynisches Kalkül der Jugendämter: Kinder, die niemand haben wollte, waren für Schwule und Lesben gerade gut genug. Allerdings stand bei manchen Jugendämtern auch die Überlegung dahinter, dass gerade Kinder aus schwierigen Verhältnissen ganz gut in gleichgeschlechtlichen Partnerschaften aufgehoben und behütet sind. Die haben sich einfach mehr Gedanken gemacht, und sie sind bereit, sich auch auf Besonderheiten einzustellen. Viele heterosexuelle Paare spüren einen großen Druck, als Familie aufzutreten, weil das von der Gesellschaft erwartet

*wird. Schwule und Lesben sind da viel freier. Sie leben
ja schon in einem gewissen Sinne jenseits des Durch-
schnitts.«*

Gesetzgebung und öffentliche Meinung

Gesetzgebung und öffentliche Meinung gehen bis heute
nicht im Gleichschritt voran, wenn es um homosexuelle
Lebensformen geht – vor allem dann nicht, wenn Kinder
mit im Spiel sind. Obwohl das Bundesverfassungsgericht
im Februar 2013 das Adoptionsrecht für Schwule und Lesben erweitert und die Sukzessiv-Adoption zugelassen hat,
fremdeln weite Teile der Bevölkerung nach wie vor bei der
Vorstellung, dass ein Kind zwei Mütter und zwei Väter
statt Mama und Papa hat.

Und es ist vielen Menschen offenbar auch nicht recht,
dass ihre eigenen Kinder mit homosexuellen Lebensformen
allzu eng in Kontakt kommen oder darüber informiert

werden. Der jüngste Protest gegen den Bildungsplan 2015
in Baden-Württemberg zeigte sehr klar, dass der deutsche
Toleranz-Konsens brüchig ist. Hinter der Fassade der poli-
tical-correctness, die Kritik an Schwulen und Lesben meist
unterbindet, offenbarte sich im Januar 2014 eine deutliche
Anti-Haltung gegen den Plan der grün-roten Landesregie-
rung, an den Schulen sexuelle Akzeptanz zu lehren. Innerhalb weniger Wochen unterschrieben mehr als 100.000
Menschen eine Petition gegen einen »Bildungsplan unter
der Ideologie des Regenbogens«. Sicher war der Protest
auch der Tatsache geschuldet, dass die neuen Leitlinien für
den Unterricht so unglücklich formuliert waren, dass der

Kultusminister selbst sie für »verbesserungswürdig« hielt. Dennoch war spürbar, dass ein Teil der Bevölkerung Abweichungen von der heterosexuellen Norm nur akzeptiert, wenn sie abstrakt und fern daherkommen - nicht aber, wenn es um die Erziehung ihrer eigenen Kinder geht.

Laut einer Umfrage des Meinungsforschungsinstituts Allensbach verstand im Jahr 2012 die große Mehrheit der Bevölkerung (97 Prozent) unter einer Familie die Kernfamilie mit verheiratetem Vater und Mutter mit Kind.[3] Interessanterweise hat sich diese Einstellung in den vergangenen 13 Jahren überhaupt nicht verändert, obwohl in diesem Zeitraum die eingetragene Lebenspartnerschaft eingeführt und sie der Ehe immer mehr gleichgestellt wurde. Verwunderlich ist das nicht. Während Homosexualität und das Zusammenleben von Lesben und Schwulen in unserer Gesellschaft kein Novum mehr ist, sind Homosexuelle, die gemeinsam Kinder »zeugen«, alles andere als eine Selbstverständlichkeit für den deutschen Durchschnittsbürger. Bei der Sozialisation der Mehrheitsgesellschaft spielt das homosexuelle Eltern-Modell keine Rolle. Erstens, weil es dafür kaum Vorbilder gibt. Und zweitens, weil es als Konkurrenz zur klassischen Familie misstrauisch betrachtet wird.

Dennoch sind die Familienleitbilder in Deutschland nicht starr. Es zeigen sich Veränderungen bei der Vorstellung, was Familie ist oder künftig sein könnte: Betrachteten im Jahr 2000 nur 40 Prozent der Bevölkerung Alleinerziehende mit ihren Kindern als Familie, waren es 2012 schon 58 Prozent. Hier hat sich die öffentliche Meinung also dem Faktum angepasst, dass immer mehr Ehen geschieden werden und Kinder in Patchwork-Konstellationen leben.

Von gleichgeschlechtlichen Partnern, die mit ihren Kindern zusammenleben, würden laut Allensbach-Umfrage heute 42 Prozent sagen, dass es sich um eine Familie handelt. Die Zustimmung ist noch sehr viel höher, wenn die ältere Generation bei Befragungen außen vor bleibt – so geschehen bei einer Studie des Bundesinstituts für Bevölkerungsforschung aus dem Jahr 2013, bei der zufällig ausgewählte Personen im Alter zwischen 25 und 39 Jahren befragt wurden.[4] Die überwiegende Mehrheit sah Familie dort, wo Kinder sind. Zwar favorisierten alle das heterosexuelle Ehepaar mit Kindern als Familie (100 Prozent Zustimmung). Doch für immerhin 88 Prozent war auch das homosexuelle Paar mit eigenen Kindern eine Familie, während nur 33 Prozent ein unverheiratetes heterosexuelles Paar ohne Nachwuchs als Familie gelten ließen.

Regenbogenfamilien in der Politik: »Ich tue mich schwer damit« (Angela Merkel)

Eine Bundeskanzlerin eiert nicht herum, zumindest nicht öffentlich und schon gar nicht mitten im Wahlkampf. Angela Merkel hatte sich fest im Griff, als sie im Spätsommer 2013 beim üblichen Frage-Antwort-Spiel ihre Wähler wochenlang mit den immer gleichen gestanzten Sätzen über Mindestlohn, Rente und Syrienkrise einlullte. Zwar konnte man sich am Ende nicht an wesentliche Details erinnern, aber der Eindruck blieb haften, die CDU-Politikerin überzeuge mit klaren Positionen. Und dann kam auf einer dieser »Wähler-treffen-Kanzlerin«-Runden eine Frage aus dem Publikum, die sie hätte erwarten können, aber ganz offensichtlich nicht erwartet hatte: »Wie stehen Sie zum gemeinsamen Adoptionsrecht für gleichgeschlechtliche Paare, Frau Merkel?« Die Kanzlerin druckste, eierte, ähte – und gab etwas zu, was Politikerinnen und Politiker sonst unter allen Umständen vermeiden, weil es nicht zum Bild des geradlinigen Machers passt, das sie selbst und das Volk so sehr lieben: »Ich bin unsicher«, sagte die Bundeskanzlerin und wirkte für einen kurzen Moment genau so. Es folgten Sätze wie: »Es mag veraltet daherkommen, aber ich tue mich schwer damit.« Dann relativierte sie wieder: »Es kann sein, dass es sich künftig anders entwickelt.«

Es dauerte viele Minuten, bis sich Angela Merkel zu einer Position durchringen konnte und dabei wieder ganz die Alte wurde, weil sie sich ein Hintertürchen offen hielt: »Ich persönlich werde keinen Gesetzentwurf für ein gemeinsames Adoptionsrecht einbringen.« Was so viel heißt wie: Ich fasse das heiße Eisen nicht selbst an, es sei denn, ich werde gezwungen. Dazu kann ich mich zu einem späteren (für mich günstigeren) Zeitpunkt immer noch positionieren.

Das Geplänkel im Fernsehstudio wenige Wochen vor der Bundestagswahl zeigte exemplarisch, wie vorsichtig sich die meisten Politikerinnen und Politiker der Homo-Ehe und dem Adoptionsrecht nähern, während gleichzeitig die homosexuelle Community gebetsmühlenartig verkündet, Regenbogenfamilien seien das Normalste auf der Welt. Das Thema spielte im Bundestagswahlkampf keine prominente Rolle, aber wenn es auf den Tisch kam, war es zumindest für die Volksvertreter der Union ebenso heikel wie die Autobahnmaut von CSU-Chef Horst Seehofer. Man will die volle Gleichstellung nicht, darf's aber aus

Gründen der politischen Korrektheit nicht so sagen. Oder für den liberalen Flügel der Union: Man akzeptiert die Gleichstellung mit der Ehe und das gemeinsame Adoptionsrecht, darf's aber nicht vehement einfordern, weil die Konservativen in der eigenen Partei bremsen. Mit Ausnahme prominenter Fürsprecher wie Ursula von der Leyen, die Monate vor der Bundestagswahl für ein gemeinsames Adoptionsrecht geworben hatte, der rheinland-pfälzischen CDU-Landesvorsitzenden Julia Klöckner und von Familienministerin Kristina Schröder ist die Union bei diesem Thema eine zutiefst gespaltene Partei, weshalb sie am liebsten gar nicht – und wenn es sich nicht vermeiden lässt, nur sehr leise darüber reden möchte.

Die saarländische Ministerpräsidentin Annegret Kramp-Karrenbauer, Hoffnungsträgerin der Partei mit einem modernen Image, sprach – kurz nachdem das Bundesverfassungsgericht die Adoptionsrechte für Homosexuelle gestärkt hatte – sehr vorsichtig aus, was viele in der Partei deutlich radikaler denken:

> *»Das Adoptionsrecht war für mich hinsichtlich der Gleichstellung homosexueller Paare immer die Frage, die mich ganz besonders berührt hat. Ich habe eben nach wie vor ein anderes Familienbild. Und ich muss mich zwingen, zwischen dem zu unterscheiden, was mir der Intellekt sagt, und meinem Bauchgefühl – das ich nicht leugnen kann.«*[5]

Auch vom hessischen Ministerpräsidenten Volker Bouffier, sonst eher bekannt für kantig-kernige Botschaften, kam beim Adoptionsrecht für Lesben und Schwule ein vorsichtiges Statement analog zur Meinung der Kanzlerin. Sicher gebe es gleichgeschlechtliche Paare, die Kinder liebevoll erzögen, so Bouffier. Aber viele Menschen, und zwar über alle Parteigrenzen hinweg, verspürten »ein gewisses Unbehagen« in dieser Frage: »Zu diesen Menschen gehöre ich auch.«

Ein gewisses Unbehagen – das klingt nicht nach radikaler Ablehnung eines revolutionären Konzepts, sondern nach einem vorübergehenden Unwohlsein. Es klingt so, als würden sich peu à peu die CDU und sogar die CSU an die schwer verdauliche Kost gewöhnen können. Es ist aber ein Irrtum, diese verhaltenen Töne der Volksvertreter als Ausdruck einer steigenden Akzeptanz gegenüber Regenbogenfamilien zu interpretieren. Sie sind vielmehr Zeichen von Beißhemmungen aus Gründen der politischen Korrektheit. Versteckte Kritik der gemeinsamen Adoption sowie der Gleichstellung von Ehe und Lebenspartnerschaft gibt es in allen Parteien, vermutlich mit Ausnahme der Grünen.

Die SPD thematisierte die komplette Gleichstellung von Lebenspartnerschaft und Ehe im Wahlkampf sowie das gemeinsame Adoptionsrecht nur dann, wenn sie direkt darauf angesprochen wurde oder es aus taktischen Gründen Vorteile brachte. So sprach sich Peer Steinbrück unmittelbar nach Merkels Auftritt in der ARD-Wahlarena anders als die Kontrahentin für ein gemeinsames Adoptionsrecht aus. Die Lebensentwürfe im 21. Jahrhundert »seien bunter als früher«, sagte der damalige Kanzlerkandidat. Er habe in seinem eigenen Bekanntenkreis zwei lesbische Paare, deren Kinder die gleiche Liebe und Zuwendung erführen wie die heterosexueller Paare. Die Gleichstellung im Steuerrecht habe das Bundesverfassungsgericht der schwarz-gelben Bundesregierung nur »abgetrotzt«.

Zwar zeigt auch das Parteiprogramm, dass die Sozialdemokraten hier eine klare Pro-Haltung vertreten. Doch auf eine breite mediale Inszenierung des Themas hat die SPD gern verzichtet, weil es durchaus das Potenzial gehabt hätte, ältere und wertkonservative SPD-Sympathisanten zu verschrecken. So selbstverständlich Schwule und Lesben mit Kindern in der Metropole Berlin auch sein mögen, so wenig präsent sind sie in der Lebenswirklichkeit des Durchschnittsbürgers, zumal auf dem Land.

Auch die FDP, die sich selbst gern als liberale Speerspitze für den Minderheitenschutz und die Rechte von Schwulen und Lesben vermarktet, hängte das Thema während der ganzen Regierungszeit mit der CDU tief. Vor allem aus Koalitionsdisziplin, weil der konservative Partner, insbesondere die CSU, nicht mitzog. Aber auch in den eigenen Reihen gab und gibt es Kritiker, die am liebsten totgeschwiegen werden. So einig, wie sich die Liberalen nach außen zeigen, sind sie im Innern keineswegs. So berichtete die Homo-Ehen-Gegnerin Erika Steinbach (CDU) kürzlich in einer Talkshow über die heimliche Zustimmung, die sie von wertkonservativen FDP-Bundestagsabgeordneten erfahren habe: »Bleiben wenigstens Sie standhaft!«, hätten diese ihr zugeraunt.

Auch in manchen Landesverbänden fremdeln FDP-Mitglieder und noch mehr die liberalen Wähler mit der kompletten Gleichstellung von Lebenspartnerschaft und Ehe sowie der Durchsetzung eines gemeinsamen Adoptionsrechts für Homosexuelle. Gelegentlich äußern FDP-Mitglieder ihre Kritik auch offen – deklarieren das aber als Privat- und nicht als Parteimeinung. So ruderte der baden-württembergische FDP-Bundestagskandidat Reinhard Günther schnell wieder zurück, als kurz vor der Bundestagswahl seine in einem Internetforum geäußerte These publik wurde, Kinder mit schwulen Vätern würden später selbst homosexuell. »Das ist meine persönliche Meinung, die von der FDP nicht geteilt wird«, sagte er der Zeitung »Die Welt«.[6]

Das Fremdeln mit der Überzeugung des einstigen FDP-Spitzenpersonals vollzog sich ansonsten nahezu unsichtbar, weil ein Anti-Kurs bei der Gleichstellung der Homosexuellen und bei der Akzeptanz von Regenbogenfamilien den liberalen Kern der Partei getroffen hätte. Die vom Staat garantierten Rechte der homosexuellen Minderheit sind eine zivilisatorische Errungenschaft, sie sind Zeichen einer toleranten und modernen Gesellschaft, die nicht nur die FDP einfordert. Widerstand gegen Homo-Ehe und Adoptionsrecht widerspräche dem urliberalen Selbstverständnis, dass jeder nach seiner Façon selig werden darf, der Staat diese Freiheit garantiert, sich aber ansonsten heraushält. Kein anderer hat unter der Merkel-Regierung dieses Prinzip so wirksam in die Öffentlichkeit getragen wie Außenminister Guido Westerwelle mit seiner offen gelebten Homosexualität.

Auf juristischer Ebene machte sich FDP-Bundesjustizministerin Sabine Leutheusser-Schnarrenberger stark für das gemeinsame Adoptionsrecht für Lesben und Schwule und verwies auf das Bundesverfassungsgericht. Sie lag damit auf einer Linie mit ihrer sozialdemokratischen Vorgängerin Brigitte Zypries, die bereits 2009 eine Studie über Kinder in gleichgeschlechtlichen Partnerschaften initiiert hatte, um

Vorbehalte gegenüber Regenbogenfamilien auszuräumen. Es ist sicher kein Zufall, dass das Justizministerium und nicht das Familienministerium diesen öffentlichkeitswirksamen Schritt getan hat. Zypries (und auch ihrer Nachfolgerin Leutheusser-Schnarrenberger) war klar, dass das Bundesverfassungsgericht der Politik auf lange Sicht wenig Spielraum lassen würde, den Unterschied zwischen Lebenspartnerschaftsgesetz und Ehe aufrechtzuerhalten sowie homosexuellen Paaren die gemeinsame Adoption zu verweigern. Gleichzeitig wusste sie um die Vorbehalte innerhalb der Parteien und in der Gesellschaft. Deshalb versuchte sie, mit Expertenmeinungen die Vorbehalte zu entkräften und die gesetzlichen Schritte Richtung Gleichstellung vorzubereiten.

Das ist zum großen Teil gelungen, denn die bereits zitierte Bamberger Studie über Regenbogenfamilien fand einen breiten Widerhall in den Medien. Die Kernbotschaft der Untersuchung war klar und einfach: Kinder, die bei gleichgeschlechtlichen Eltern aufwachsen, entwickeln sich gut und sind nicht benachteiligt. Entscheidend ist, ob die Eltern ihre Kinder lieben, ihre Beziehung harmonisch und stabil ist. Damit hatte die Überzeugung des linken und liberalen Lagers, dass Familie dort ist, wo Kinder sind, eine wissenschaftliche Absicherung erhalten. Vorbehalte werden auf politischer Ebene seitdem noch seltener und noch vorsichtiger formuliert. Das heißt jedoch nicht, dass es sie nicht gibt.

Sündenfall der »heiligen Familie«

Kritiker des Regenbogenkonzepts verstummen auch deshalb immer mehr, weil die als Maßstab dienende klassische

Familie selbst seit Jahren in der Krise und im Wandel steckt. Angesichts hoher Scheidungsraten und Kindern in Patchwork-Konstellationen verfängt der Verweis auf das herkömmliche Modell als stabiles Bollwerk nicht mehr. Nichts schadet Kindern in ihrer Entwicklung so sehr wie die Trennung der Eltern, vor allem wenn sie mit Streit und Loyalitätskonflikten einhergeht. Hinzu kommt, dass die traditionelle Familie seit je nicht nur ein Ort der Zuflucht und Kontinuität für Kinder war, sondern auch der Erfahrung von Gewalt und Missbrauch. Die meisten Kinder und Jugendlichen, die körperliche Gewalt und Missbrauch erleben, erleben dies in ihren eigenen Familien oder im unmittelbaren Umfeld.

Die steigenden Scheidungsraten spiegeln zum einen den Trend zur Individualisierung. Die Ehe als wirtschaftliche Zweck- und Zwangsgemeinschaft funktioniert nicht mehr. Zum anderen spielt die religiöse Sozialisation eine geringere Rolle als etwa in den 1950er- und 1960er-Jahren, dem goldenen Zeitalter der Eheschließung. »Die Scheidung ist heute landesweit ein normaler Vorgang und wird in unserer Gesellschaft nicht mehr sozial geächtet«, schreibt der Sozialforscher Johannes Huinink. Die politischen Parteien, die Gesellschaft und die Kirchen haben deshalb schon vor Jahren begonnen, ihre Definition von Familie zu verändern und zu erweitern – bis hin zur aktuellen Aussage, dass Familie dort ist, wo Kinder sind.

Und dennoch bleibt das klassische Bild von Vater–Mutter–Kind in der politischen und gesellschaftlichen Debatte sehr präsent – zum einen als Folge kultureller Prägung, zum anderen als Wunschbild einer heilen und stabilen Keimzelle, die das Fortleben der Menschheit garantiert.

Deshalb fällt es den meisten Menschen so viel leichter, Abweichungen von diesem Ideal in Form heterosexueller Patchworkfamilien und/oder Alleinerziehender zu akzeptieren, als in Form gleichgeschlechtlicher Paare, die aus rein biologistischer Sicht keine eigenen Kinder miteinander zeugen können. Gleichzeitig empfinden viele die Regenbogenfamilie als Angriff auf ihr eigenes Lebensmodell, obwohl es in ihrem Alltag so gut wie keine Berührungspunkte mit gleichgeschlechtlichen Eltern gibt. Die Entkopplung von Sexualität und Elternschaft rüttelt an jahrhundertealten Grundüberzeugungen. Da hilft es auch nichts, dass das Bundesverfassungsgericht, das die Ehe einst selbst als »Keimzelle jeder menschlichen Gemeinschaft« pries, ihren Ausschließlichkeitsanspruch längst aufgehoben hat.

Kontroverse in den Kirchen und Religionsgemeinschaften

Die Überzeugung, dass ein Kind Vater und Mutter braucht, ist tief verwurzelt in unserer Gesellschaft. Neben biologistischen Begründungen spielen religiöse Motive dabei nach wie vor eine Rolle. Zwar schwindet der Einfluss der Religion auf das Alltagsleben der Menschen in Deutschland. So sagte beim Religionsmonitor der Bertelsmann Stiftung 2013 in den alten Bundesländern nur noch jeder Fünfte von sich selbst, dass er »ziemlich« beziehungsweise »sehr« religiös sei; die Zahl derjenigen dagegen, die sich als »wenig« beziehungsweise »gar nicht« religiös einschätzten, war mit 35 Prozent fast doppelt so hoch. Im Osten der Republik waren die entsprechenden Zahlen noch deutlicher.[7] Doch unabhängig von der Einschätzung der eigenen Nähe oder Ferne zum Glauben beeinflusst die jeweilige Sozialisation mit ihren kulturell-religiösen Prägungen die Debatte über Homosexualität und Regenbogenfamilien.

Allerdings zeigt sich eine Diskrepanz zwischen der Institution Kirche, ihren Dogmen und der Einstellung der Bevölkerung. Bei einer Meinungsumfrage von TNS unter der Gesamtbevölkerung verneinten 87 Prozent der Befragten die Aussage, praktizierte Homosexualität sei Sünde. Auch die Kirchenmitglieder selbst geben sich aufgeschlossener als die Institution, der sie angehören: Mehr als 75 Prozent der Katholiken und Protestanten in Deutschland befürworten laut Umfragen, dass homosexuelle Paare heiraten dürfen. Bei den Muslimen sind es 48 Prozent.[8]

Die liberale Einstellung gegenüber Homosexualität wirkt sich mit zeitlicher Verzögerung auch auf die theologische und innerkirchliche Debatte aus. Sowohl in der protestantischen als auch in der katholischen Kirche hat eine Diskussion über das Ehe- und Familienbild begonnen, die auch gleichgeschlechtliche Paare thematisiert. Doch von einer offiziellen Gleichstellung der Lebenspartnerschaft mit der Ehe sind beide Kirchen noch weit entfernt. Sie halten am Adam-und-Eva-Prinzip fest – die katholische deutlich rigider als die evangelische.

Evangelische Kirche: zwei Schritte vor, einer zurück

Ein Teil der evangelischen Kirche hat schon vor knapp 20 Jahren damit begonnen, ihr Ehe- und Familienbild zu reformieren. Bereits 1996, also fünf Jahre vor der Einführung des Lebenspartnerschaftsgesetzes auf Bundesebene, veröffentlichte der Rat der Evangelischen Kirche in Deutschland (EKD) die Orientierungshilfe »Mit Spannungen leben«, die auch Hinweise zur Segnung Homosexueller enthielt. Allerdings war die Kirche sehr darum bemüht, den Sonderstatus dieser Segnung hervorzuheben. Die Gemeinden warnte sie, die Segnung im Rahmen eines Gottesdienstes vorzunehmen. Dies könne »wegen der Gefahr von Missverständnissen nicht befürwortet werden«.

Als Politik und Gesellschaft vier Jahre später über die Einführung der eingetragenen Lebenspartnerschaft diskutierten, stellte die EKD klar, dass aus diesen neuen staatlichen Regelungen »keine Folgerungen für Veränderungen im kirchlichen Handeln gegenüber solchen Partnerschaften gezogen werden können«. Diese offizielle Linie der Ablehnung verfolgte die Kirchenleitung auch später noch, doch der Konsens der Landeskirchen bröckelte bereits. Anders als in der hierarchisch strukturierten katholischen Kirche verselbstständigte sich die Diskussion, und einige Landeskirchen begannen, homosexuelle Paare zu segnen.

Heute gibt es diese Segnung in mehr als der Hälfte der Landeskirchen. Die evangelische Kirche in Hessen und Nassau geht seit dem vergangenen Jahr sogar noch einen Schritt weiter und beurkundet diese Segnung in den Kirchenbüchern, sodass ein Unterschied zur klassischen Trauung heterosexueller Paare kaum noch zu erkennen ist. Ähnlich verfährt die evangelische Kirche Kurhessen-Waldeck. Zudem gibt es in einigen Landeskirchen schwule Pfarrer und lesbische Pfarrerinnen, die mit einem gleichgeschlechtlichen Partner zusammenleben – einige auch mit Kindern. Zum Beispiel die Pfarrerin Eli Wolf, die mit ihrer

Partnerin ihr leibliches Kind großzieht. Allerdings erlebte sie auch Diskriminierung und Anfeindung, als ihr Familienmodell durch die Medien publik wurde. Von ihrer Kirche wünscht sie sich mehr Unterstützung:

>*Ich glaube, dass vor Gott Lesbisch-Sein genauso okay ist wie das Hetero-Sein. Gott hat mich geschaffen als Ebenbild und mich genau so gewollt. Ich wünsche mir eine Zeit, in der das auch mal in der Kirche deutlicher laut gesagt wird, auch von Nichtlesben und Nichtschwulen.«* [9]

Auf theologischer Ebene ist genau das im vergangenen Jahr geschehen. Eine von der Evangelischen Kirche in Deutschland (EKD) veröffentlichte »Orientierungshilfe« (»Zwischen Autonomie und Angewiesenheit: Familie als verlässliche Gemeinschaft«) sieht die lebenslange Ehe mit Kindern nicht mehr als Leitbild, sondern als nur eine von vielen verschiedenen Lebensformen. Ähnlich dem politischen Diskurs steht darin nicht die Ehe als Institution im Vordergrund, sondern die Frage, ob Partner liebevoll füreinander sorgen und ob sie gemeinsam Verantwortung für Kinder übernehmen.

Also grünes Licht auch für Regenbogenfamilien? Keineswegs. Die Debatte über das Leitpapier verlief und verläuft immer noch außerordentlich kontrovers. Von einem Konsens kann keine Rede sein, denn der Widerstand kommt nicht nur von konservativen pietistischen Gruppen innerhalb der EKD. Offenbar haben die Reformer unterschätzt, dass sie weite Teile ihrer Kirche mit einem neuen Familienbild überfordern. Die Kritiker befürchteten den Abschied von der Ehe, die für Luther laut den Autoren des neuen Positionspapiers lediglich »ein weltlich Ding« gewesen sei. Der Kirchenkenner und Autor der Süddeutschen Zeitung, Matthias Drobinski, analysierte den Konflikt treffend als Fremdeln mitten in der vertrauten Gemeinschaft:

> »Da fühlen sich Menschen fremd in der Kirche, wo sie doch bislang dachten, sie stünden in der Mitte. So, wie sie sich in einer Gesellschaft fremd fühlen, wo nun selbst die Mehrheit der CSU den Ausbau von Kinderkrippen fordert und nichts mehr gegen homosexuelle Lebenspartnerschaften hat.«[10]

Der Ratsvorsitzende der Evangelischen Kirche in Deutschland (EKD), Nikolaus Schneider, begrüßte die kontroverse Debatte über neue Familienbilder, ruderte jedoch gleichzeitig zurück, um nicht noch mehr Gläubige zu verschrecken. Der forsche Schritt in Richtung homosexueller Lebensformen und Regenbogenfamilien wird damit zu einem äußerst vorsichtigen Vorwärtsstolpern. Das Leitbild der Ehe solle bleiben, versicherte Schneider, die Institution und das Zusammenleben in der Normalfamilie sollten nicht abgewertet werden. Über die Gleichstellung der in der evangelischen Kirche praktizierten Segnungen gleichgeschlechtlicher Paare mit der Trauung sagte er:

> »Ich wäre da zurückhaltend (...), weil die Ehe zwischen Mann und Frau und die eingetragene Lebenspartnerschaft von Mann und Mann und Frau und Frau

traditionell unterschiedliche Dinge sind. Und Traditionen sollten wir nicht vorschnell über Bord werfen. (…) Zum anderen hat die ›Weitergabe des Lebens‹ in einer Ehe doch ein anderes Gewicht als in eingetragenen Lebenspartnerschaften.«[11]

Die Debatte innerhalb der evangelischen Kirche dauert an – Ausgang offen. Aber die Kontroverse zeigt, dass die Vorbehalte gegenüber gleichgeschlechtlichen Paaren und Regenbogenfamilien nicht ausgeräumt sind, sondern fortbestehen. Kirche dürfe nicht zu allem, was Realität sei, einfach Ja sagen, argumentiert Nikolaus Schneider und versucht damit, den wertkonservativen Kern vor dem Schmelzen zu bewahren.

Auch auf die Ökumene könnte die Gleichstellung von Ehe und Lebenspartnerschaft negative Auswirkungen haben, so die Befürchtung. Wenn den Protestanten die Ehe nicht mehr heilig ist und sie den Familienbegriff von Mann und Frau abkoppelt, dann kompliziert das die Verständigung mit den Katholiken. Diese könnten spätestens dann – trotz des neuen Papstes – nicht mehr folgen.

Neuer Papst, altes Mantra?

Es ist immer eine Frage der Perspektive und des Vergleichs, ob eine Entwicklung als fortschrittlich oder rückständig bewertet wird. Das trifft auf die katholische Kirche mit ihren jahrhundertealten Überzeugungen in besonderem Maße zu. Folgende Zitate über den Umgang mit Homosexualität und Familie verdeutlichen das:

»Es gibt keinerlei Fundament dafür, zwischen den homosexuellen Lebensgemeinschaften und dem Plan Gottes über Ehe und Familie Analogien herzustellen, auch nicht in einem weiteren Sinn. Die Ehe ist heilig, während die homosexuellen Beziehungen gegen das natürliche Sittengesetz verstoßen. Denn bei den homosexuellen Handlungen bleibt die Weitergabe des Lebens [...] beim Geschlechtsakt ausgeschlossen. Sie entspringen nicht einer wahren affektiven und geschlechtlichen Ergänzungsbedürftigkeit. Sie sind in keinem Fall zu billigen.«[12]

(Kongregation für die Glaubenslehre 2003)

»Es ist keine überkommene Metaphysik, wenn die Kirche von der Natur des Menschen als Mann und Frau spricht und fordert, dass diese Schöpfung auch respektiert wird. (...) Nicht der Mensch entscheidet, nur Gott entscheidet, wer Mann und wer Frau ist.«[13]

(Papst Benedikt XVI. 2008)

»Wenn jemand homosexuell ist und guten Willens nach Gott sucht, wer bin ich, darüber zu urteilen? (...) In Buenos Aires habe ich Briefe von homosexuellen Personen erhalten, die ›soziale Wunden‹ sind, denn sie fühlten sich immer von der Kirche verurteilt. Aber das will die Kirche nicht (...) Die Religion hat das Recht, die eigene Überzeugung im Dienst am Menschen auszudrücken, aber Gott hat sie in der Schöpfung frei gemacht: Es darf keine spirituelle Einmischung in das persönliche Leben geben.«[14]

(Papst Franziskus 2013)

Die moderaten Töne des neuen Papstes werden in der Weltöffentlichkeit vor allem deshalb als Sensation gewertet, weil sie, verglichen mit den Äußerungen seiner Vorgänger beziehungsweise der Glaubenskongregation, einen überraschend neuen Ton in die Debatte gebracht haben. Franziskus scheint nicht nur das klerikale homophobe Mantra der Vergangenheit abzuschütteln, sondern er macht auch geschiedenen Heterosexuellen, die erneut geheiratet haben, Hoffnung, wieder Teil der Kirche werden zu dürfen, die die Sakramente empfangen dürfen. Gemessen an der Historie hat er mit seinen Worten ein kleines Erdbeben ausgelöst, das jedoch nur auf einer innerkirchlichen Skala nennenswerte Messwerte erreicht, denn für die Gesellschaft insgesamt sind das längst Selbstverständlichkeiten.

Die taz desillusionierte denn auch die homosexuelle Community in Deutschland nach dem gefeierten ersten Papst-Interview mit dem ernüchternden Kommentar:

>*Der Papst liebt also alle Menschen – auch die Homosexuellen. Na und? Das ist sein Job, aber kein Grund, in Jubel auszubrechen.*«[15]

Andererseits hat kein Papst vor ihm so klar erkannt, dass die offizielle katholische Lehre und die Überzeugungen des Kirchenvolkes beim Thema Familie immer weiter auseinanderdriften. Die neueste Initiative des Vatikans, mit einer weltweiten Umfrage die Einstellung katholischer Gemeinden zu heiklen Fragen wie Empfängnisverhütung, Umgang mit Geschiedenen und Homosexualität zu erfragen und zu diskutieren, ist ein absolutes Novum in der Kirchengeschichte. Allerdings machte der Vatikan gerade bei der

Homo-Ehe vorsichtshalber schon im Voraus klar, dass es nur um eine Bestandsaufnahme des Status quo gehen wird. Allerdings können die Bischöfe zum Schluss eigene Positionen und Anregungen formulieren.

Vorausgesetzt, die deutschen Bischöfe leiten die Fragebögen auch an die Gemeinden weiter, dürften die Ergebnisse Rom nicht überraschen. Lange vor Papst Franziskus zeichnete sich beim Thema Homosexualität eine liberale Haltung ab. Die mehrheitliche Akzeptanz gleichgeschlechtlicher Partnerschaften bedeutet jedoch nicht automatisch, dass auch das gemeinsame Adoptionsrecht von Homosexuellen sowie die verschiedenen Varianten von Regenbogenfamilien gutgeheißen werden, vor allem, wenn die Reproduktionsmedizin mit im Spiel ist, der die katholische Kirche und mit ihr viele Gläubige skeptisch gegenüberstehen. In konservativen katholischen Kreisen bis hin zu liberalen Milieus ist der Gedanke an schwule Väter und lesbische Mütter immer noch ein Tabu, bestenfalls gewöhnungsbedürftig. Man muss für diese Einsicht nicht den erzkonservativen Publizisten und Theologen Martin Lohmann zitieren, der regelmäßig in Talkshows über Homosexualität und Regenbogenfamilien den Hardliner gibt. Die Überzeugung, dass die Kirche eine gewisse Distanz bewahren und der Staat gleichgeschlechtliche Lebensformen nicht genauso unterstützen sollte wie die Ehe, ist immer noch verbreitet.

Das Grundgesetz, so die offizielle Argumentationslinie der Gegner der Homo-Ehe, legitimiere die Bevorzugung der Ehe gegenüber allen anderen Formen der Partnerschaft, weil sie durch die Zeugung und Erziehung von Kindern die Zukunft der Gesellschaft sichere. Durch eine Gleichstellung würde Unvergleichliches gleich behandelt. Bis heute droht schwulen und lesbischen Mitarbeitern kirchlicher Einrichtungen die Kündigung, wenn sie eine eingetragene Lebenspartnerschaft eingehen, von einer offen gelebten Regenbogenfamilie ganz zu schweigen. Die innerkirchliche Debatte, obwohl seit Jahren von Initiativen wie der »Ökumenischen Arbeitsgruppe Homosexuelle und Kirche« in Gang gehalten, dreht sich im Kern immer noch um die Frage, ob praktizierte Homosexualität Sünde sei. Regenbogenfamilien kommen in dieser Debatte allenfalls am Rande vor.

Möglicherweise führt die neue Offenheit von Papst Franziskus für homosexuelle Paare mittelfristig zu Veränderungen. Eine Akzeptanz gleichgeschlechtlicher Paare mit eigenen Kindern deutet sich jedoch nicht an, wie eine von zahlreichen Aussagen des Papstes in dem 2013 als Buch veröffentlichten Gespräch mit dem Rabbiner Abraham Skorka zeigt:

»*Wenn es eine Verbindung privater Natur ist, sind kein Dritter oder die Gesellschaft davon betroffen. Wenn man dem aber nun die Kategorie der Ehe verleiht und sie damit zur Adoption berechtigt, wird es betroffene Kinder geben. Jeder Mensch braucht aber einen männlichen Vater und eine weibliche Mutter, die ihm helfen, seine Identität auszubilden.*«[16]

Gleichgeschlechtliche Liebe – Tabu für Muslime

Der Islam lehnt die gleichgeschlechtliche Liebe ab. Zwar gibt es im Koran keinen direkten Hinweis auf eine Verurteilung der Homosexualität. Doch der Gedanke, dass gleichgeschlechtliche Liebe Sünde sei, ist weitverbreitet. Praktizierte homosexuelle Liebe gilt als »illegitimer Geschlechtsverkehr«. In manchen muslimisch geprägten Ländern können homosexuelle Handlungen sogar mit der Todesstrafe geahndet werden, etwa im Iran. Für fromme Muslime in Deutschland ist Homosexualität trotz einiger Liberalisierungstendenzen in den vergangenen Jahren immer noch ein Tabu-Thema. Vertreter islamischer Glaubensgemeinschaften in Deutschland zu einem Statement über Regenbogenfamilien zu bewegen ist deshalb außerordentlich schwierig. Theologen an den Universitäten reagierten ebenso wenig auf meine Anfrage, zu Regenbogenfamilien Stellung zu beziehen, wie Vertreter der Türkisch-Islamischen Union Ditib oder des Verbands türkischstämmiger Muslime (VIKZ). Das kollektive Schweigen kann verschiedene Ursachen haben: Das Thema ist entweder zu heikel – oder aber so fern von der islamischen Lebensrealität, dass sie es schlicht für irrelevant halten.

Die Religionspädagogin und Vorsitzende des Liberal-Islamischen Bundes, Lamya Kaddor, ist eine Ausnahme. Die Nichtreaktion ihrer muslimischen Kollegen wundert die Islamwissenschaftlerin nicht. Gleichgeschlechtliche Paare mit Kindern würden das Familienbild der muslimischen Community komplett auf den Kopf stellen, sagt Kaddor. Doch zu einer ernsthaften Auseinandersetzung mit dem Thema komme es erst gar nicht, vermutet sie. Sollte – wie zu erwarten – in Deutschland das gemeinsame Adoptionsrecht für homosexuelle Paare durchgesetzt werden, so würde sich die muslimische Community kaum an der Debatte beteiligen, mutmaßt Kaddor: »Sie werden sagen: Das betrifft uns doch gar nicht – warum also darüber diskutieren?«

Lamya Kaddor selbst hat keine Vorbehalte gegenüber Regenbogenfamilien. Sie versucht, mit Veranstaltungen im Liberal-Islamischen Bund das Tabuthema Homosexualität öffentlich zu diskutieren. Die ablehnende Haltung gegenüber gleichgeschlechtlicher Liebe ist nämlich keineswegs ein historisches Strukturmerkmal der islamischen Theologie. In ihrer Geschichte war die arabisch-islamische Kultur zeitweise deutlich weniger homophob als die katholische Kirche.

Lamya Kaddor weiß jedoch um die starken Ressentiments gegenüber gleichgeschlechtlichen Lebensformen innerhalb der muslimischen Community. Die Religionspädagogin berichtet von einem jungen muslimischen Konvertiten, der bei zwei Männern aufgewachsen ist. Er selbst empfinde das als völlig normal, aber könne dies in seinem muslimischen Umfeld nicht offen sagen, ohne ausgegrenzt zu werden, sagt Kaddor:

>*Für viele gläubige Muslime ist Homosexualität wider die Natur, wenn nicht gar eine Krankheit.*«

Doppeltes Stigma

Homosexuelle, die selbst oder deren Familien ursprünglich aus einem muslimischen Land kommen, erleben deshalb häufig ein doppeltes Stigma – als Migranten und als Homosexuelle. Die eigene Familie und das direkte Umfeld reagieren ablehnend oder blenden das Thema komplett aus. Das hat beispielsweise der türkischstämmige Berliner Bali Saygili in vielen Gesprächen mit homosexuellen Migranten erfahren. Saygili, dessen eigenes Coming-out schon 27 Jahre zurückliegt, berät seit vielen Jahren Schwule und Lesben mit Migrationshintergrund. Zwar sieht er durchaus Anzeichen für einen Mentalitätswechsel, gerade bei der jungen Migrantengeneration. Aber die Ablehnung oder das beharrliche Ignorieren homosexueller Lebensformen begegnet ihm immer wieder, wie er in einer ZDF-Reportage schildert:

»Religion ist eine wahnsinnige Problematik in der Coming-out-Phase. Religion sagt, es ist abartig und laut Koran eine Todsünde. (...) Wenn ich mit religiösen Menschen, die einen Migrationshintergrund haben, über schwule Männer reden würde, würden sie mich links liegen lassen und weggehen – nach wie vor.« [17]

Wenn gleichgeschlechtliche Liebe aber noch immer ein Tabu ist, dann sind es Schwule und Lesben mit Kindern erst recht. Die Thematisierung von Regenbogenfamilien ist in religiös geprägten Migranten-Communitys deshalb kaum möglich.

Streit mit Erdogan

Das gilt nicht nur für Deutschland. Im Frühjahr 2013 entbrannte ein Streit zwischen der türkischen und der niederländischen Regierung über ein türkischstämmiges Kind mit niederländischer Staatsbürgerschaft. Der Junge war –

angeblich wegen familiärer Gewalt – von seinen aus der Türkei eingewanderten Eltern in den Niederlanden getrennt und von einem lesbischen Paar aufgenommen worden. Der türkische Premier Recep Tayyip Erdogan kritisierte daraufhin vehement die Vermittlung von Kindern an gleichgeschlechtliche Paare durch einige europäische Jugendämter. In einer Pressekonferenz sagte Erdogan laut der türkischen Zeitung Hürriyet: Homosexualität, die als »sexuelle Wahl« bezeichnet werde, stehe im Widerspruch zur Kultur des Islam. Der türkischstämmige Junge, der bei einem lesbischen Paar lebe, solle »in sichere Hände übergeben« werden.

Der ungewöhnliche Fall hatte ein Nachspiel. Türkische Abgeordnete warfen den Jugendämtern mehrerer EU-Länder, darunter Deutschland, vor, türkischstämmige Kinder ihren Familien und ihrer Kultur zu entfremden. »Tausende von türkischen Kindern« würden illegal ihren Herkunftsfamilien weggenommen, hieß es in einem Bericht der parlamentarischen Untersuchungskommission für Menschenrechte. Das war eine generelle Kritik am Verfahren der Jugendämter, jedoch mit einem besonderen Fokus auf Schwule und Lesben. Die Unterbringung von Kindern bei Homosexuellen, so türkische Politiker laut einem Bericht von spiegel-online, sei ein Verstoß gegen die Menschenrechte, »weil die Lebensweise und die Überzeugungen gleichgeschlechtlicher Paare nicht vereinbar seien mit denen der türkischen Familien«. Vielmehr werde diesen Kindern ein anderer Lebensstil »aufgezwungen«.[18]

Das Beispiel zeigt, dass die gesellschaftliche Akzeptanz, auf die Regenbogenfamilien hoffen, noch lange keine Selbstverständlichkeit ist. Auch in Deutschland nicht. Das liegt nicht nur daran, dass gleichgeschlechtliche Eltern so selten sind und somit schlicht die Gelegenheit fehlt, sich mit diesem Familienmodell auseinanderzusetzen. Es sind auch tief verwurzelte religiöse und kulturelle Überzeugungen, die zur Ablehnung homosexueller Lebensformen führen.

»Ein Gräuel ist es«

Wie viele andere Religionen lehnt auch das Judentum Homosexualität ab. »Einer männlichen Person sollst du nicht auf weibliche Weise beiwohnen. Ein Gräuel ist es«, heißt es in der Tora. Allerdings ist das Spektrum der Meinungen sehr breit, je nach Gemeinde. Während die Orthodoxie Homosexualität strikt ablehnt und teilweise für pervers erklärt, pflegen viele liberale jüdische Gemeinden einen toleranten Umgang mit Homosexuellen.

Der Kölner Aaron Knappstein ist homosexuell und jüdischen Glaubens. Während viele Homosexuelle sich zwischen Judentum und der eigenen sexuellen Orientierung entscheiden, hat er von Anfang an beides gelebt – Glauben und Homosexualität. Der 43-Jährige gehörte lange dem Vorstand der Jüdischen Liberalen Gemeinde in Köln an und war an der Gründung der mittlerweile wieder aufgelösten Gruppe »Yachad« beteiligt, einer Vereinigung schwuler, lesbischer und bisexueller Jüdinnen und Juden in Deutschland. In seiner Kölner Gemeinde, so berichtet Knappstein, gebe es eine lesbische Vorbeterin. Knappstein ist überzeugt, dass auch Regenbogenfamilien gut aufgenommen würden – wenn es sie denn gäbe.

Das war nicht immer so. Vor 20 Jahren hatte Knappstein

alle Rabbiner in Deutschland nach ihrer Einstellung zur Homosexualität befragt. Das Ergebnis war ernüchternd: Etwa die Hälfte antwortete gar nicht, die andere Hälfte reagierte äußerst ablehnend. Aaron Knappstein hat die Befragung nicht wiederholt, vermutet aber, dass sie heute etwas weniger klar und ablehnend ausfallen würde. Andererseits macht er sich keine Illusionen. Das starke orthodoxe Judentum betrachte gelebte Homosexualität nach wie vor als verbotene Handlung. Die Zahl der liberalen jüdischen Gemeinden sei immer noch sehr gering, zumal ihre Tradition in Deutschland nach der Shoah erst seit Ende der 1990er-Jahre wieder langsam auflebe. Deshalb hinke Deutschland der Entwicklung in anderen Ländern hinterher, in denen jüdische Gemeinden deutlich entspannter mit homosexuellen Lebensformen umgingen. Das Londoner Rabbinerseminar Leo Baeck College etwa, das Rabbiner für alle europäischen Länder ausbildet, verlange von homosexuellen Bewerbern sogar, offen zur eigenen sexuellen Präferenz zu stehen, sagt Knappstein: »Tut man das nicht, wird man gar nicht erst aufgenommen.«

»Gaybyboom« in Israel

In den USA haben sich sogar eigene Synagogen für Schwule und Lesben gegründet, und es gibt Rabbiner, die gleichgeschlechtliche Paare trauen. In manchen fortschrittlichen orthodoxen Gemeinden gibt es Segnungen homosexueller jüdischer Paare. In Israel ist seit einigen Jahren von einem »Gaybyboom« die Rede, da immer mehr Lesben und Schwule Familien gründen. Vor allem jüdische schwule

Männer, denen die Religion qua Tradition möglichst viele Kinder vorschreibt, wollen Väter werden und realisieren dies unter anderem mithilfe von Leihmüttern im Ausland. Dabei scheint aus religiöser Sicht weniger die Tatsache ein Problem zu sein, dass sie das Kind einer Leihmutter großziehen. Problematisch wird es, wenn die Mutter keine Jüdin ist, denn dann erkennen die Rabbiner auch das Kind nicht als jüdisch an.

Der Blick in die jüdischen, muslimischen und christlichen Religionsgemeinschaften zeigt, dass das Meinungsspektrum mit Blick auf gleichgeschlechtliche Lebensgemeinschaften bei den Gläubigen groß ist und die Kirchen selbst sich in Veränderungsprozessen befinden. Während Homosexualität zunehmend diskutiert und zumindest in den christlichen Kirchen akzeptiert wird, sind die Zeugung beziehungsweise das Aufwachsen von Kindern in gleichgeschlechtlichen Partnerschaften für viele Gläubige und erst recht für die offizielle Theologie immer noch ein Tabu. Insofern sind Kirche und »Kirchenvolk« auch ein Seismograf dafür, wie hoch die Akzeptanz homosexueller Lebensformen mit Kindern in Deutschland ist.

Das Regenbogen-Experiment Teil II

Die Kinder

Regenbogenkinder

Aus dem Blickwinkel der Mehrheitsgesellschaft sind Regenbogenkinder Exoten. Doch diese selbst erleben ihre Familie zunächst als völlig »normal«, vor allem dann, wenn sie in eine Regenbogenkonstellation hineingeboren wurden. Wie Kinder heterosexueller Eltern auch stellen sie ihre Familie nicht infrage. Andererseits werden sie durch ihre Umwelt oft sehr früh darauf hingewiesen, dass sie anders leben als die Mehrheit. Deshalb müssen sie irgendwann erklären, warum sie so leben und nicht anders. Das kann im Kindergarten beginnen, wenn der Freund oder die Freundin wissen möchte, warum der andere zwei Mütter und keinen Vater hat oder umgekehrt. Während das Modell des alleinerziehenden Elternteils längst zum Alltag in den Betreuungseinrichtungen gehört und deshalb kaum noch erklärungsbedürftig ist, bleiben Regenbogenfamilien aufgrund ihrer geringen Zahl ungewöhnlich, und deshalb müssen die Kinder mit Fragen zu ihrem familiären Hintergrund und zu ihrer biologischen Herkunft rechnen.

Gerade im Jugendalter, wenn Kinder auf dem Weg ins Erwachsenenleben ohnehin dazu neigen, alles infrage zu stellen und sich – notwendigerweise – von den Eltern zu distanzieren, kann ihre besondere Familienkonstellation belastend sein. Das geschieht vor allem dann, wenn die wichtiger werdende Peer-Group die gleichgeschlechtlichen

Eltern als fremd oder unnormal empfindet. Bei pubertierenden Jugendlichen kann das dazu führen, dass sie gar nicht erst wollen, dass sich die Eltern an ihrer Schule oder im Freundeskreis als schwul oder lesbisch outen.

Eine interessante US-amerikanische Untersuchung aus den 1990er-Jahren über Stieffamilien mit einem homosexuellen Vater belegt diese Zurückhaltung und den Wunsch vieler Pubertierender, nicht aufzufallen. Mehr als die Hälfte der befragten Jugendlichen sagten ihren gleichaltrigen Freunden nichts über die sexuelle Orientierung ihres Vaters. Von den schwulen Vätern gaben jedoch nur vier Prozent an, dem heterosexuellen Freundeskreis die eigene sexuelle Orientierung zu verschweigen.[1]

Andererseits könne es, so die Sozialpädagogin und Mutter in einer Regenbogenfamilie, Stephanie Gerlach, auch »durchaus cool sein«, im Freundeskreis jemanden mit lesbischen oder schwulen Eltern zu haben.[2] Mütter und Väter, die anders sind als die eigenen, könnten für pubertierende Jugendliche auch eine willkommene Abwechslung sein.

Judith Holofernes, Sängerin der Band »Wir sind Helden«, war erst anderthalb Jahre alt, als ihre Mutter mit einer Frau zusammenzog. Ihre lesbische Mutter habe ihr das Rückgrat gestärkt, sagt sie rückblickend. Auf die Frage, ob sie sich jemals eine klassische Familie mit Vater und Mutter gewünscht habe, sagt sie:

»*Ich bin in einem Umfeld groß geworden, wo es alle möglichen Familienkonstellationen gab. Ich hatte die klassische Familie auch dadurch, dass mein Vater wieder geheiratet hat und ich so zwei Brüder bekam. Bei-*

*des hat sich richtig angefühlt. Ich habe schon als Kind
gewusst, dass alles in Ordnung ist, wenn die Liebe da
ist. Und weil ich auf der anderen Seite Normalofami-
lien kennengelernt habe, in denen der Vater die Kinder
geschlagen hat.«* [3]

Die Frage nach dem fehlenden Vater oder der fehlenden
Mutter wird Regenbogenkindern besonders häufig gestellt.
Dabei geht jedes Kind oder jeder Jugendliche anders damit
um, unter Beobachtung zu stehen und seine Familiengeschichte erklären zu müssen. Zum Beispiel Malte Czarnetzki,
der mit Geschwistern bei lesbischen Eltern aufwuchs. In
einer Talkshow wurde er – wie schon sehr oft – gefragt, ob
gern wüsste, wer sein Vater sei. Die Frage war rein hypothe-
tisch, denn Malte wurde durch eine anonyme Samenspende
gezeugt. Die Option, den biologischen Vater irgendwann
einmal kennenzulernen, gibt es für ihn nicht. Seine Antwort
zeigt, wie viel Distanz der junge Mann zu einem Teil seiner
Herkunftsgeschichte aufgebaut hat – beziehungsweise
mangels Alternativen aufbauen musste:

*»Nein. Ich würde ihn (den Vater) vielleicht gern einmal
eine Stunde lang auf einem Monitor beobachten und
schauen, wie er läuft, wie er sich verhält. Aber mir fehlt
er nicht. Da ist ein Platz, den ich gar nicht vergeben
will. Ich bin zufrieden mit mir, so wie ich geworden bin.
Das ist völlig unabhängig davon, wie mein Vater aus-
sieht oder was er beruflich macht. Das ist so, als wenn
ich sage: Ich hätte gern meine Oma kennengelernt, die
aber leider vor meiner Geburt gestorben ist. Es fehlt
mir ja aber nichts. Es ist kein Verlustgefühl da.«* [4]

Woher komme ich?

Anders als Malte Czarnetzki treibt viele andere Regenbogenkinder die Frage nach ihrer Herkunft um. Dabei unterscheiden sich ihre Bedürfnisse nicht von denen jener Kinder, die aus heterosexuellen Beziehungen stammen, aber deren Entstehung ebenfalls von der »Norm« abweicht – weil sie beispielsweise durch eine fremde Samenspende gezeugt wurden.

Das Grundgesetz garantiert sowohl die Menschenwürde (Artikel 1) als auch das Recht auf eine freie Entfaltung der Persönlichkeit (Artikel 2). Laut der Rechtsprechung deutscher Gerichte gehört dazu auch das Recht eines Menschen, seine biologische Abstammung zu kennen. Dieses sogenannte Informationsrecht steht adoptierten oder in Pflege genommenen Kindern ebenso zu wie Mädchen und Jungen, die bei einem One-Night-Stand oder mithilfe einer Samenspende gezeugt wurden. Anonyme Samenspenden (sogenannte No-Spender) sind deshalb in Deutschland sowie in den meisten anderen europäischen Ländern verboten. Eine der wenigen Ausnahmen bildet Dänemark, das innerhalb Europas aus diesem Grund für viele heterosexuelle wie homosexuelle Paare Reiseziel Nummer eins auf dem Weg zum Wunschkind geworden ist.

Im Februar 2013 bezog das Oberlandesgericht Hamm das Recht des Kindes, seine Abstammung zu kennen, explizit auch auf anonyme Samenspenden. Damit stellte das Gericht das Recht der Kinder über das Recht des Spenders auf Anonymität, selbst wenn sie ihm bei der Zeugung zugesichert worden war. Nach Schätzungen wurden in Deutschland seit den 1970er-Jahren mehr als 100.000 Kinder geboren, die durch einen anonymen Spender gezeugt wurden – die meisten der mittlerweile Erwachsenen wissen nichts davon oder haben nur eine vage Ahnung.

Für Regenbogenkinder in Deutschland, die mithilfe der Reproduktionsmedizin gezeugt wurden, ergab sich bei der Befragung durch die Bamberger Familienstudie 2009, dass lediglich 28 Prozent der Kinder mit ihrer Entstehungsgeschichte vertraut waren. Allerdings waren die meisten Kinder zum Zeitpunkt der Befragung noch sehr klein. Ein Großteil der Eltern gab an, das Thema Herkunft »offen und frühzeitig« behandeln zu wollen. Die Eltern selbst glaubten, dass die Tatsache, mithilfe einer Samenspende gezeugt worden zu sein, ihre Kinder nicht belaste oder beeinträchtige.[5]

Welchen Schaden das Nicht-Wissen um die eigene Herkunft anrichten kann, wissen wir aus der Adoptionsforschung. Meist sind es Jugendliche oder junge Erwachsene, die sich auf die Suche begeben – im günstigsten Fall, weil sie von ihren Müttern oder Vätern über ihre Zeugung und Herkunft aufgeklärt wurden. So wie Anna, Tochter eines heterosexuellen Paares. Sie war bereits 26, als ihre Mutter ihr von der anonymen Samenspende erzählte. Anna war geschockt, aber auch froh, endlich die Wahrheit zu erfahren:

»Meine ersten Gefühlsregungen nach dem anfänglichen Schock waren von Wut und Enttäuschung, aber auch von großer Traurigkeit geprägt. Jedoch möchte ich es meiner Mutter hoch anrechnen, dass sie den Mut hatte, mir die Wahrheit zu sagen. (…) Sie hat mich als einen ihr gleichwertigen Menschen anerkannt, indem sie das Wissen über meine Zeugung, das ihr auch einen

gewissen Machtvorsprung über mich gab (...), mit mir teilte.«[6]

Annas Reaktion ist durchaus typisch, wie eine US-Studie im Jahr 2000 mit erwachsenen Spenderkindern im Alter von 20 bis 55 Jahren aus den USA, Australien, Großbritannien und Kanada zeigte. Als besonders belastend empfanden die Spenderkinder es, wenn die Eltern ihnen die anonyme Samenspende verschwiegen hatten.[7] Die Wahrheit über die eigene Zeugung führte bei den Befragten in der Regel zu einem schwierigen Prozess der Neubewertung der eigenen Identität.

Sperma per Post

Die 1990 geborene Amerikanerin JoEllen hörte zum ersten Mal die Geschichte ihrer Herkunft, als sie mitbekam, wie ihre lesbischen Mütter neuen Freunden von der Entstehung der Tochter erzählten. Ihre leibliche Mutter hatte sich den Spender ausgesucht und sich dann von der Samenbank sein Sperma per Post schicken lassen. Ihrer Tochter hatte sie immer erklärt, dass sie keinen Vater, sondern einen Spender habe. Trotzdem machte sich JoEllen viele Gedanken über diesen Unbekannten. In dem preisgekrönten Arte-Fernsehfilm »Samenspender unbekannt«[8] erzählt die damals 20-Jährige:

»Wenn man nicht weiß, wer sein Vater ist, stellt man sich die seltsamsten Fragen. Ich fragte mich zum Beispiel, wie wohl seine Ohren aussehen oder wie seine

Stirn ist. Ich habe mir ausgemalt, wie er wohl ist – vielleicht berühmt und ein Filmstar. Oder ein Geschäftsmann, der in einem Büro arbeitet. Es gab so viele unbeantwortete Fragen.«

JoEllens Mutter besaß noch die Karte aus der Spenderdatei. Dort stand zwar nicht der Name des Vaters, aber eine Spendernummer. Über eine Datenbank für Geschwisterkinder von Samenspendern suchte JoEllen zunächst nach Brüdern oder Schwestern – und fand eine Halbschwester aus einer heterosexuellen Partnerschaft. Nachdem die New York Times über die Geschichte berichtet hatte, meldeten sich immer mehr Geschwister. Denn »Spender Nummer 150« hatte über einen langen Zeitraum hinweg für die Samenbank »gearbeitet«. Mit den rund 50 Dollar pro Spende hatte der Mann, der sich in seiner Jugend für die Zeitschrift Playgirl ausgezogen hatte, unter anderem seine Miete finanziert. Nachdem einige seiner Kinder sich via Internet gefunden hatten, tauschten sie permanent E-Mails aus, telefonierten stundenlang, trafen sich schließlich und waren verblüfft über Ähnlichkeiten, wie gleich geformte Augenbrauen, Haarfarben, Gesten und Mimik. Es war ein bisschen so, als wollten sie die verpasste Zeit miteinander in wenigen Monaten nachholen. Aber es gab auch Ängste. Eine Halbschwester JoEllens schilderte es so:

»Diejenigen von uns, die mit dem Wissen um einen Samenspender aufgewachsen sind, fragen sich jedes Mal, wenn sie sich für einen Jungen interessieren: Ist er mit mir verwandt? Ich bin immer mit Männern ausgegangen, die nicht aus den USA, sondern aus Latein-

oder Zentralamerika sind – nur um sicherzugehen, dass sie nicht mit mir blutsverwandt sind.«

Ein Halbbruder von JoEllen ist wie sie selbst bei zwei Müttern aufgewachsen. Auch er hatte sich als Kind und später als Jugendlicher immer wieder gefragt, wie sein leiblicher Vater wohl sei. Er nahm zum Beispiel an, dass er musikalisch sei und gern Klavier spiele wie er selbst. Sein Aufwachsen als Spenderkind in einer lesbischen Partnerschaft ohne leiblichen Vater schildert er so:

»Es war nicht einfach, als Junge von zwei Müttern aufzuwachsen. Das spürte ich vor allem in der Schule, weil alle meine Freunde Väter hatten. Ich fragte mich: Wie soll ich mich verhalten? Was ist normal für einen Jungen?«

Auch seine leibliche Mutter, die ihm seine Herkunft als Spenderkind nicht verheimlicht hatte, sieht eine gewisse Leerstelle im Aufwachsen ihres Sohnes. Deshalb unterstützt sie den Sohn bei der Suche nach dem Vater. Ihre Begründung klingt so simpel wie einleuchtend: Das Einzige, was sie und ihre Partnerin ihm nicht hätten beibringen können, sagte die Mutter, sei, ein Mann zu sein.

Mittlerweile gibt es vor allem in den USA zahlreiche Initiativen, die Spenderkinder zusammenzubringen. Auch in Deutschland suchen Spenderkinder mithilfe von Datenbanken nach ihren Geschwistern und Vätern. Dabei scheint für die meisten Kinder nicht entscheidend zu sein, ob sich zwischen ihnen und dem Samenspender ein enger Kontakt ergibt oder er gar eine verspätete Vaterrolle einnimmt.

Wichtiger scheint das Wissen um die eigene Herkunft, auch wenn Kind und Vater sich wenig zu sagen haben sollten oder er keine enge Bindung wünscht.

Bedürfnis nach Selbstfindung

Der Schweizer Kinderarzt Remo H. Largo hält das Wissen um die eigene Abstammung auch in den Regenbogenfamilien für elementar. Die Frage nach der Herkunft sei einerseits Ausdruck der Ablösung von den Eltern und andererseits ein Bedürfnis nach Selbstfindung, sagt er. Die Herkunft bestimme auch die Persönlichkeit. Deshalb stellten sich viele Jugendliche die Frage: Bin ich wie meine Eltern, oder bin ich jemand ganz anderer?

Der Entwicklungsexperte hält es deshalb für unabdingbar, dass Eltern ab einem bestimmten Zeitpunkt, je nach individueller Entwicklung des Kindes, »die Karten auf den Tisch legen«. Die Frage nach der Herkunft treibe die Jugendlichen um, sie wollten wissen, was für Menschen ihre biologischen Eltern seien, argumentiert Largo. Jugendliche und junge Erwachsene bräuchten eine konkrete Vorstellung von ihren leiblichen Eltern, sonst irrten sie in ihrer Fantasie ständig umher auf der Suche nach ihnen. Der Kinderarzt erzählt das Beispiel eines Jungen aus der Schweiz, der mit 18 Jahren beschloss, seinen unbekannten Vater zu suchen.

»Der junge Mann ist nach Hamburg gefahren und hat dort seinen biologischen Vater getroffen. Der Mann war kaum zugänglich und distanziert. Jetzt könnte man vermuten, dass der Sohn traurig war, weil er eine

negative Erfahrung gemacht hatte. Aber das war nicht so: Er kam zufrieden von seiner Reise zurück und sagte: ›Wenigstens weiß ich jetzt, was mein Vater für ein Mensch ist – und dass ich mit ihm nichts mehr zu tun haben möchte.‹«

Entscheidend war, dass der junge Mann selbst über sein Leben und den Kontakt zum Vater bestimmen konnte und die Zeit der Unwissenheit vorbei war. Largo hält es deshalb für nicht vertretbar, wenn Eltern ihren Kindern die Wahrheit über ihre biologischen Eltern verschweigen:

»Das Kind muss wissen, wer sein leiblicher Vater und seine leibliche Mutter ist! Ich persönlich würde es auch zur Bedingung machen, dass das Kind seine leiblichen Eltern treffen kann.«

Biografiearbeit für Regenbogenkinder

Die Frage der Abstammung spielt auch für die Diplom-Sozialarbeiterin Angela Greib eine zentrale Rolle. Seit vielen Jahren arbeitet sie mit Pflege- und Adoptivfamilien in Deutschland und begleitet zudem gleichgeschlechtliche Paare auf ihrem Weg zur Familie. In Seminaren für Mitarbeiter der Jugendämter wirbt sie dafür, bei Pflegschaften und Adoptionen Männer- und Frauenpaare gleichberechtigt einzubeziehen. »Der Gesetzgeber hat sich etwas dabei gedacht, dass ein Kind ein Recht hat, seine Abstammung zu kennen. Das kann ich in meiner Beratung nicht ignorieren«, sagt Angela Greib. Zu ihr kommen vor allem lesbische

Paare, die sich Kinder wünschen oder schon welche haben. Viele möchten von ihr wissen, wie sie den leiblichen Vater in die Familie einbeziehen können, was sie ihrem Kind wann und wie über seine Herkunft erzählen sollen.

Es gibt aber auch Frauenpaare, die sich über diese Fragen gar keine Gedanken gemacht haben. Erst kürzlich beriet Angela Greib zwei Lesben, die über ein sogenanntes »All-Inklusiv«-Angebot (Urlaub inklusive künstlicher Befruchtung) in Spanien ein Kind gezeugt hatten. Beide wollten nun für die nicht leibliche Mutter eine Stiefkindadoption einleiten, damit sie gleichberechtigt für das Kind sorgen könnten. Der Samenspender sollte beim Aufwachsen des Kindes keine Rolle spielen. Doch so leicht, wie die beiden Mütter sich die Adoption vorgestellt hatten, wird es nicht gehen. »Ein deutscher Richter wird sofort mit dem Recht des Kindes auf Kenntnis der Abstammung argumentieren«, klärte Angela Greib die Frauen auf. Beide waren erstaunt, denn sie hatten nicht mit Hindernissen auf ihrem Weg zum Wunschkind gerechnet.

Eine »Hürde« kann gerade für lesbische Paare mit Kinderwunsch der Paragraf 1598a im Bürgerlichen Gesetzbuch sein. Danach haben Väter Anspruch darauf, dass die leibliche Mutter in eine genetische Untersuchung zur Klärung der Abstammung einwilligt. Das Gericht setzt das Verfahren nur dann aus, wenn dies das Wohl des minderjährigen Kindes stark beeinträchtigen würde. Für lesbische Regenbogenfamilien kann das bedeuten, dass der leibliche Vater nicht, wie vielleicht gewünscht, außen vor bleibt, sondern auch sein Sorgerecht beantragen kann, während die Co-Mutter hierzu keine Möglichkeit hat. Manche Regenbogenfamilien wünschen sich deshalb, mehrere Sorgeberechtigte für das Kind eintragen zu können. Doch das ist in Deutschland bislang nicht möglich, denn es würde die Abkehr vom Zwei-Eltern-Prinzip bedeuten.

Wenn die Herkunft ein Geheimnis ist

Das rechtliche Argument ist die eine Seite. Sozialarbeiterin Greib macht in ihren Beratungen jedoch vor allem klar, dass Geheimniskrämerei über die Herkunft ein Kind nachhaltig belasten kann. »Nichts-Sagen und Geheimnisse schüren die Fantasie; Wissen schützt stattdessen vor unliebsamen Überraschungen«, sagt Angela Greib den Paaren. Deshalb arbeitet sie gemeinsam mit den Eltern an einer Biografiegeschichte für die Regenbogenkinder. Aus ihrer langjährigen Erfahrung mit Pflegekindern weiß sie, wie wichtig es ist, passende und altersgerechte Antworten auf die Fragen ja oft noch sehr jungen Kinder nach ihren biologischen Ursprüngen zu haben. Den Prozess der Biografiearbeit schildert sie so:

> »*Wir denken uns keine neue Biografie für die Kinder aus, aber wir machen sie alltagstauglich und erzählen sie so, dass die Mädchen und Jungen damit etwas anfangen können.*«

Als Überforderung für Kleinkinder empfindet die Expertin es beispielsweise, wenn ihre Eltern ihnen lediglich vermitteln: »Du brauchst keinen Vater.« Auch die Erklärung, dass der Vater ein Samenspender sei, sei für ein Kindergartenkind nicht hilfreich, wenn es von Gleichaltrigen auf seine

Familienkonstellation angesprochen werde, meint Greib. »Was soll ein Drei- oder Vierjähriger denn auf die Frage nach seinem Vater antworten? Er kann nicht sagen: ›Ich habe keinen‹, denn das glaubt ihm keiner. Man kann einem Kind in diesem Alter nicht zumuten, Gleichaltrigen eine Regenbogenfamilie zu erklären.«

Für sinnvoller hält Greib dann kurze Erläuterungen wie diese, wenn das Kind zum Beispiel durch eine anonyme Samenspende gezeugt worden ist: »Mein Papa wohnt nicht hier, sondern in Dänemark.« Das ist nicht gelogen, aber geeignet, zumindest im Kindergarten die Fragerei vorerst zu beenden, zumal es viele Gleichaltrige gibt, die ebenfalls ohne Vater aufwachsen. Für sie ist es auch Alltag, dass Papa nicht bei ihnen wohnt. Den gleichgeschlechtlichen Eltern rät sie, sich immer in die Lage des Kindes zu versetzen. Das falle manchen schwer, räumt Greib ein:

»*Es gibt Frauen, die ganz bewusst entscheiden: Wir brauchen keinen Vater. Das mag für sie als Erwachsene zutreffen. Aber für das Kind nicht.*«

Zu ihr kommen jene Familien, die sich selbst viele Gedanken darüber machen, wie sie die leiblichen Eltern einbeziehen und ihrem Kind die Herkunft erklären können. In ihren Workshops sitzen meistens Frauen, die schon lange eine stabile Partnerschaft haben und offen lesbisch leben. »Die offen gelebte sexuelle Orientierung ist für mich ein Muss, wenn Kinder dazukommen«, sagt Greib. Denn Familiengeheimnisse machten Kindern das Leben schwer. Je selbstverständlicher die Mütter oder Väter mit ihrer Homosexualität umgingen und je offener sie über die biologische Entstehung der Kinder sprächen, desto leichter sei es für die Kinder. Regenbogeneltern, die anders denken, suchen nach Greibs Erfahrungen in der Regel erst gar keine Beratungsstellen auf. »Deshalb wissen wir auch sehr wenig darüber, wie Regenbogeneltern insgesamt mit dem Recht ihrer Kinder umgehen, die eigene Abstammung zu kennen.«

Das gilt im Übrigen ebenso für heterosexuelle Partnerschaften, in denen Kinder ohne das Wissen um eine künstliche Befruchtung aufwachsen. Völlig unabhängig von ihrer sexuellen Orientierung haben Eltern, die allein die Wahrheit kennen, eine große Macht über ihre Kinder. Und sie missbrauchen sie, wenn sie ihr Wissen nicht verantwortungsbewusst an das Kind weitergeben. Ob es dieses Puzzleteil unbedingt braucht, um ein konsistentes Bild von sich selbst zu entwickeln, sollte es selbst entscheiden dürfen.

Das Kind als Projekt

Viele Kinder kommen heute nicht mehr aufgrund einer zufälligen oder spontanen Zeugung zur Welt. Zumindest in der westlichen Wohlstandswelt planen Eltern die Geburt zuweilen genauso präzise wie ihre berufliche Karriere. Businessplan und Babyplan – beides wird lange überlegt, durchdacht und idealerweise in Einklang gebracht, zumindest in der Theorie. Verhütungsmittel garantieren diese Planungsfreiheit und machen sie zum Glücksfall für die Erwachsenen. Das ist ein zivilisatorischer Fortschritt, wenn man bedenkt, welches Leid ungewollte Schwangerschaften für Mütter – aber auch für nicht gewollte Kinder – bringen können.

Für den Nachwuchs selbst ist es jedoch nicht immer ein Segen, das Ergebnis langer Vorbereitung zu sein. Zumindest dann nicht, wenn seine Eltern die Detail- und Zukunftsplanung des neuen Projekts während der Schwangerschaft und nach der Geburt so präzise fortsetzen, als wollten sie eine Unternehmensstrategie für die nächsten zehn Jahre mit Zielvereinbarungen zwischen ihnen und dem Nachwuchs formulieren.

Der dänische Familientherapeut Jesper Juul, dessen Kernbotschaft an die Eltern »mehr Gelassenheit« im Erziehungsalltag ist, beobachtet die Tendenz zum Projektkind seit Langem – vor allem in Mittelschichtfamilien mit hohen Bildungsabschlüssen. Für die Kinder würden die gut gemeinten Anstrengungen der Eltern zum Bumerang in der Erziehung, befürchtet Juul:

> *»Niemand hat auf Dauer Lust darauf, das Projekt eines anderen Menschen zu sein, auch wenn es ein erhöhtes Maß an Aufmerksamkeit und Engagement mit sich bringt, was am Anfang als positiv und schmeichelhaft empfunden wird. Insbesondere Kinder werden von dem Engagement leicht verführt, und oft vergeht der Großteil der Kindheit, bis sie am Ende einsehen, dass nicht sie im Zentrum des elterlichen Interesses gestanden haben, sondern die eigenen Ambitionen der Eltern, deren Selbstbild, Image und Wünsche. (...) Projektkinder sind Bonsaibäume, über deren Wachstum der Besitzer die Macht übernommen hat.«*[9]

Wenn gleichgeschlechtliche Paare den Wunsch nach eigenen Kindern haben, dann ist der Weg dorthin immer mit einer generalstabsmäßigen Planung verbunden. Ohne sie geht es nicht. Schwule und lesbische Paare befinden sich hier in einer ähnlichen Situation wie heterosexuelle Paare, die mithilfe einer künstlichen Befruchtung oder über die in Deutschland verbotene Leihmutterschaft eine Familie gründen – mit dem Unterschied, dass dies für Hetero-Eltern meistens die letzte Option ist, für Regenbogeneltern jedoch die einzige. Heraus kommen in beiden Konstellationen Kinder, die ganz besonders gewollt und gewünscht sind. Die Autorin und Regenbogenmutter Stephanie Gerlach schildert den Weg vom Paar zur Familie folgendermaßen – Hetero- und Homosexuelle dürften sich hier gleichermaßen wiederfinden. Das Projektkind lässt grüßen:

»Wenn Paare in einer schon länger bestehenden Beziehung leben, kommt häufig der Punkt, an dem der Wunsch entstehen kann, über die Beziehung hinaus gemeinsam etwas zu entwickeln. Manche engagieren sich in einem Projekt, andere träumen von einem Schrebergarten, einige kommen plötzlich auf den Hund oder holen sich eine Katze aus dem Tierheim. Ein kleines, renovierungsbedürftiges Häuschen im Süden kann für viele auch die Erfüllung lang gehegter Sehnsüchte bedeuten. Oder eben ein Kind.« [10]

Das Kind wird so zum experimentellen Teil der eigenen Selbstverwirklichung. Das ist legitim, denn die Evolution hat das Bedürfnis, seine Gene und damit ein Stück seiner selbst weiterzugeben, ganz tief in uns Menschen verwurzelt – ursprünglich jedoch nicht zum Zweck der Selbstverwirklichung, sondern mit dem simplen Ziel der Reproduktion. Mit Blick auf das Kind ist keine der beiden Varianten besonders empathisch. Das renovierungsbedürftige Haus im Süden, von dem Stephanie Gerlach spricht, lässt sich wieder verkaufen, wenn es am Ende doch nicht unsere Sehnsüchte erfüllt. Das Kind nicht.

Durchforstet man diverse Internetforen, in denen Hetero- wie Homosexuelle nach Partnern suchen, um ihren Kinderwunsch zu verwirklichen, dann stößt man auf viele Männer und Frauen, die sich nichts sehnlicher wünschen als ein Kind und die an dieser Leerstelle in ihrem Leben verzweifeln. Aber man stößt auch auf solche, denen man eher zu einem Haustier raten würde:

»Hallo, ich 26 und mein Mann 27, sind verheiratet suchen ein Samen Spender, er sollte nicht älter als 40 Jahre sein und sollte Dunkelblonde Haare haben und der sollte ein deutscher sein, ein Gesundheitspass, Blutspende Ausweis haben. Uns kommt nur die Bechermethode in frage und er sollte keine Verpflichtungen und kein Anrecht am Kind haben Bitte nur Seriöse Angebote !!!!«

»Hallo zusammen,
mein Leben ist eigentlich so wie es sein sollte stehe im Leben, beruflich wie privat. Da fehlt irgendwie nur noch das Kind um aus alles gut ›perfekt‹ zu machen. Das Problem ist nur, dass ich kein Beziehungsmensch bin. Da ich einem Kind aber einen Papa definitiv nicht vorenthalten möchte suche ich eine Aktive Co-Elternschaft vorzugsweise mit einem schwulen Pärchen.
Gruß Nina«

»Ticktack, Ticktack – immer lauter tickte meine biologische Uhr, je weiter ich auf die Vierzig zuging, die fiktive Grenze fürs Kinderkriegen. Eine ständige innere Unruhe umgab mich, und ich begann immer ernsthafter darüber nachzudenken, wie ich zu einem Kind kommen könnte. Eine Freundin hatte ich nicht und auch nicht die Intention, krampfhaft eine dazu zu machen, um sie dann bei der ganzen Kinderaktion womöglich wieder zu verlieren, weil es ihr zu stressig werden könnte. Und irgendwann dachte ich mir: Allein ist die Frau, mutig und stark!«

»Hallo. Wir sind ein verheiratetes Paar und suchen einen, der nicht vorhat, wie so manch andere, seinen ›Samen‹ möglichst in die Breite-Masse streuen, sondern eher auf der Suche nach ganz »besonderen« Menschen ist. Du musst gesund, gebildet und nicht kleiner als 1,76 sein! Nicht älter als 41 J. Und keine schwarzen Haare haben.«

Wunschkind per Samenbank

Auch anerkannte Samenbanken in der ganzen Welt lassen Eltern wählen, welche Merkmale der Erzeuger mitbringen soll – von der Augenfarbe über die Größe bis hin zur ethnischen Herkunft. Die meisten Samenbanken berücksichtigen auch Wünsche nach Bildungsstand, Beruf und Hobby des Erzeugers. Eine Samenbank in Kalifornien/USA liefert sogar Profile von Spendern, die berühmten Schauspielern ähnlich sehen. Das ist Babybestellung aus dem Katalog – nur ohne Rückgabegarantie.

Die Motivation der männlichen Samenspender ist häufig noch viel weiter entkoppelt vom Gedanken an die Zukunft eines Kindes, das möglicherweise entstehen wird. Sie spenden Samen gegen Geld, um sich Hobbys zu finanzieren oder ihre Männlichkeit mit möglichst vielen »Treffern« unter Beweis zu stellen. Manche mögen auch altruistische Beweggründe haben – zum Beispiel Jan, der in einem Samenspender-Forum mit folgenden Zeilen für sich wirbt: »Gebildeter schlanker Kerl hilft gerne mit dem Becher.«

Gleichzeitig gibt es gerade im Umfeld der Regenbogenfamilien sehr viele schwule und heterosexuelle Männer, die nicht leichtfertig die Zeugung eines Kindes planen, sondern diesen Schritt verantwortungsbewusst gehen. Sie wollen nicht nur lesbischen Paaren (oder heterosexuellen Freundinnen) helfen, eine Familie zu werden, sondern erfüllen sich auf diese Weise auch ihre eigenen Kinderwünsche.

Ein Kind um jeden Preis?

Die meisten Lesben versuchen zunächst, unter Freunden und Bekannten einen Mann zu finden, der bei der Zeugung behilflich ist – bevorzugt werden schwule Männer oder Paare. »Ich wäre von mir aus niemals auf die Idee gekommen, eine Frau zu fragen, ob sie über eine Samenspende ein Kind haben möchte«, erinnert sich der evangelische Pfarrer Nulf Schade-James. Als dann ein befreundetes lesbisches Pärchen ihn und seinen Mann genau darum bat, war er zunächst sehr überrascht – und dann angetan von der Idee. Eine anonyme Spende wäre für ihn niemals in Frage gekom-

men, eine Spende, verbunden mit einer aktiven Vaterschaft,
schon.

Kinder hatten eigentlich immer zu seinem Lebensent-
wurf gehört, doch aufgrund seiner Homosexualität hatte
der Pfarrer diesen Wunsch lange verdrängt. Die Entscheidung, es zu versuchen, traf er mit seinem Partner und den
Frauen gemeinsam. Sie redeten und diskutierten viel. Das
Kind sollte bei den Frauen aufwachsen, und die Männer
hätten so etwas wie ein aktives Patenamt übernommen. Für
den gläubigen Protestanten und die anderen war auch absolut klar: Das Kind kommt auch dann zur Welt, wenn es eine
Behinderung haben sollte.

Es klappte am Ende doch nicht, und die vier beließen es
bei dem Versuch. Es sollte eben nicht sein. Er wollte kein
Kind um jeden Preis. Der Gedanke an Nachwuchs durch
eine Leihmutter kam ihm nie, auch den Weg zum Wunschkind aus der Retorte findet er befremdlich. Das sei eine
schreckliche Vorstellung, Haarfarbe, Augenfarbe oder Geschlecht auszuwählen, sagt er, der seinem Gott nicht ins
Handwerk pfuschen will:

*»Die moderne Medizin kann eine Menge dafür tun,
Kinderwünsche zu erfüllen. Aber es gibt für mich immer noch einen Punkt, an dem ich sage: An dieser Stelle
lasse ich den lieben Gott handeln. Da pfusche ich nicht
rein. Ein Kind kommt, wie es kommt. Und wenn es ein
Down-Syndrom hat, dann ist das eben so.«*

Der Frankfurter Pfarrer und sein Mann kamen einige Jahre
später dann doch noch zu einem »Kind«, aber auf ganz andere Art und Weise. Sie nahmen einen 17-jährigen Jungen

aus der Gemeinde bei sich auf, als dessen Mutter obdachlos zu werden drohte und er seine Schule und das soziale Umfeld hätte verlassen müssen. Aus der Übergangslösung wurden schließlich acht Jahre. Schade-James ist froh und dankbar für diese Zeit:

»Er wurde so etwas wie unser Sohn und ist es bis heute. Irgendwann zog er zu seiner Freundin. Unseren Schlüssel behielt er, denn wir waren ja sein Zuhause. Jetzt sind wir quasi Schwiegereltern geworden – ganz ohne eigene Kinder. Das ist wunderschön.«

Was sagt die Wissenschaft?

Internationale Studien und Ergebnisse

Forschung ist die methodisch-systematische Suche nach neuen Erkenntnissen sowie das Überprüfen derselben auf ihre Plausibilität. Im Idealfall ist das ein Kreislauf, bei dem sich Einzeluntersuchungen irgendwann zu einem validen Endergebnis zusammenfügen lassen – zumindest so lange, bis neue Forschung das erreichte Übereinkommen in Frage stellt. Dann geht alles wieder von vorn los. Das mag für denjenigen äußerst unbefriedigend sein, der auf ein klares »Ja« oder »Nein« wartet. Doch das Infragestellen gehört zum Wesen der Wissenschaft. Deshalb werden wir häufig mit neuen Studien und ihrer medialen Aufbereitung konfrontiert, die heute A, morgen B sagen und übermorgen C herausfinden.

Darüber hinaus gibt es jedoch Erkenntnisse, die über Jahre, Jahrzehnte oder gar Jahrhunderte hinweg zumindest einen stabilen Kern von validen Aussagen bilden. Zum Beispiel bestreitet heute niemand mehr, dass sich die Erde um die Sonne dreht oder Rauchen der Gesundheit schadet. Gestritten wird allenfalls über Details, etwa ob das Rauchen neben Krebs und Herz-Kreislauf-Erkrankungen auch für Rückenschmerzen oder Alzheimer verantwortlich ist.

Bei den Untersuchungen über Kinder in Regenbogenfamilien gibt es ebenfalls einen stabilen Kern, allerdings ist die Forschung in diesem Bereich noch vergleichsweise jung: Bis auf wenige Ausnahmen kommen nationale wie internationale Studien übereinstimmend zu dem Ergebnis, dass Mädchen und Jungen, die bei gleichgeschlechtlichen Paaren aufwachsen, sich ebenso gut oder schlecht entwickeln wie Gleichaltrige mit heterosexuellen Eltern. Psychologische Untersuchungen haben bisher keine Entwicklungsdefizite bei Kindern in Regenbogenfamilien festgestellt. Auch die Sorge oder Hoffnung, dass Regenbogenkinder später überdurchschnittlich oft lesbisch oder schwul werden, hat sich nicht bewahrheitet. Die US-amerikanische Akademie der Kinderärzte und Psychotherapeuten hat zusammengefasst, dass in den vergangenen 30 Jahren in mehr als 100 Studien keine Hinweise gefunden worden seien, dass Kinder aus Regenbogenfamilien in ihrer sozialen, psychischen oder sexuellen Entwicklung in irgendeiner Form eingeschränkt seien.

Vorteil fürs Regenbogenkind

Zunehmend finden die Forscher sogar heraus, dass Kinder, die in gleichgeschlechtlichen Partnerschaften aufwachsen, Vorteile haben. Eine der weltweit größten und aktuellsten Studien ist die Australian Study of Child Health in Same-Sex Families (ACHESS). Experten der Melbourne-Universität untersuchten rund 500 Kinder in Regenbogenkonstellationen und bewerteten deren Selbstbewusstsein, emotionale Stabilität sowie den familiären Zusammenhalt als sehr positiv. Viele Regenbogenkinder erreichten bessere Werte als Gleichaltrige aus heterosexuellen Partnerschaften.

Die meisten Regenbogenkinder profitieren von vergleichsweise gebildeten und ökonomisch gut gestellten Eltern. Familienforscher bescheinigen schwulen und lesbischen Eltern zudem, ihre Kinder zu mehr Toleranz und Offenheit gegenüber Andersdenkenden zu erziehen, deshalb seien ihre Kinder sozial kompetenter und vorurteilsfreier.[1] Außerdem könnten sie bei ihren Eltern beobachten und lernen, dass Aufgaben nicht geschlechtstypisch aufgeteilt würden – was zu mehr Zufriedenheit innerhalb der Familie führe. Wissenschaftler fanden bei diversen Befragungen gleichgeschlechtlicher Paare heraus, dass Hausarbeit und Kindererziehung in lesbischen und schwulen Partnerschaft egalitärer verteilt werden als in heterosexuellen Beziehungen, wo die Frau deutlich mehr Zeit mit Kindern und Haushalt verbringt. Das traditionelle Hetero-Modell mit einem Haupt- und einem Nebenverdiener beziehungsweise einer nicht erwerbstätigen Mutter kommt in Regenbogenfamilien viel seltener vor.[2]

Auch internationale Studien über homosexuelle Väter kommen überwiegend zu positiven Ergebnissen, wobei kritisch zu hinterfragen wäre, ob sich aufgrund der geringen Fallzahlen verallgemeinernde Aussagen überhaupt ableiten lassen. Laut den vorliegenden Untersuchungen haben homosexuelle Väter die Tendenz, besonderen Wert auf ihr Erziehungsverhalten zu legen, da sie wissen, dass ihre Homosexualität für viele andere Menschen ein Anlass ist, ihr Erziehungsverhalten genauer zu beobachten. Laut Forschung profitieren ihre Kinder dabei insbesondere von der geringeren Fixierung auf traditionelle Rollenschemata sowie von einem offenen und demokratischen Familienklima.[3] Zudem neigen Kinder homosexueller Eltern angeblich dazu, sich gegenüber Personen, die ihnen unähnlich sind, toleranter zu verhalten als Kinder heterosexueller Eltern.[4]

In den vergangenen Jahren haben einige nationale wie internationale Familienforscher kritisiert, dass die große Zahl der Regenbogen-Befürworter unter den Wissenschaftlern sich in der Vergangenheit zu sehr auf den Vergleich mit heterosexueller Elternschaft fixiert habe, um zu belegen, dass sich Regenbogenkinder genauso entwickelten wie Gleichaltrige in klassischen Familien. »Sie akzeptieren heterosexuelle Elternschaft als goldene Latte und untersuchen, ob homosexuell orientierte Eltern und ihre Kinder diese reißen oder toppen, und Letzteres ja möglichst deutlich. Deshalb kommen die meisten Untersuchungen zu dem Ergebnis, dass es keine Unterschiede gebe, und wenn es Unterschiede gibt, dann stets in der Ausprägung: Homosexuelle Mütter und Väter seien die besseren Eltern«[5], kritisiert der Soziologe Bernd Eggen und verweist auf das US-amerikanische Forschungsteam Judith Stacey und Timothy Biblarz. Die beiden Soziologen geben zu bedenken, die auf den Homo-Hetero-Vergleich fixierte Forschung impliziere, dass Unterschiede grundsätzlich auf Defizite verweisen und nicht auf eine familiale Vielfalt moderner Gesellschaften. Biblarz und Stacey widersprachen in einer Untersuchung aus dem Jahr 2010 der Behauptung, ein Kind brauche Vater und Mutter, um sich gut zu entwickeln.[6] Zwar fanden sie – wie viele Forscherinnen und Forscher vor ihnen – heraus, dass in der Regel zwei Elternteile besser seien für die kindliche Entwicklung, als allein mit einem aufzuwachsen. Es sei jedoch nicht relevant, ob dies ein fürsorgendes Mütter- beziehungsweise Väterpaar oder ein heterosexuelles Paar sei. Allerdings sehen Biblarz und Stacey einen kleinen Vorteil für Kinder, die bei zwei Müttern aufwachsen. Frauen, so ihr in diesem Punkt sehr traditionell-konservativ anmutendes Argument, setzten sich ganz besonders für die Kinder und ihre Erziehung ein.

Positiv-Auswahl bei Studien

Wie die Untersuchungen von Stacey und Biblarz kommen auch die meisten anderen Studien über Kinder in Regenbogenfamilien aus dem angelsächsischen Raum, da Psychologen und Familienforscher sich hier schon seit Ende der 1970er-Jahre mit dem Thema befasst haben – sehr viel früher als in Deutschland.[7] Doch man muss einschränken, dass valide Langzeitbeobachtungen über Jahrzehnte hinweg nur vereinzelt vorliegen. Oft sind die in den Studien untersuchten Personengruppen sehr klein, sodass pauschale Aussagen über die langfristige Entwicklung von Regenbogenkindern schwer zu treffen sind. Hinzu kommt, dass diejenigen Regebogeneltern, die an Studien teilnehmen, in der Regel sehr offen und selbstverständlich mit ihrer Homosexualität umgehen und aus einer relativ hohen Bildungsschicht stammen. Die Repräsentativität dieser Positiv-Auswahl ist deshalb eingeschränkt.

Zudem muss man genau hinschauen, was da untersucht und miteinander verglichen wurde. In den meisten Studien geht es um Kinder, die bei lesbischen Müttern groß werden. Von diesen wiederum stammt der größte Teil nicht aus einer gleichgeschlechtlichen Partnerschaft, sondern die Mädchen und Jungen wurden in einer früheren heterosexuellen Beziehung gezeugt und wuchsen dann später in einer Regenbogenfamilie auf. Die Forschung über jene neue Generation von Regenbogenkindern, die in der homosexuellen Beziehung entstanden sind (durch Samenspende oder Leihmutterschaft) und den Dualismus Vater–Mutter gar nicht kennen, steht noch völlig am Anfang. Immer noch zu wenig weiß man auch über die Entwicklung von Kindern, die bei schwulen Vätern aufwachsen. Ihre Zahl war zunächst sehr gering, weshalb sie selten in Studien berücksichtigt wurden. Doch mittlerweile wächst weltweit die Gruppe jener Kinder, die ausschließlich bei Vätern und somit ohne beziehungsweise mit geringem Mutterbezug aufwachsen.

Manche Kritiker werfen der Forschung über Regenbogenfamilien vor, sie sei interessengeleitet und stütze sich fast ausschließlich auf Befragungen homosexueller Eltern, die die Entwicklung ihrer Kinder natürlich positiv schilderten. In der Tat beruhen sehr viele Studien über Regenbogenfamilien auf Befragungen derselben – aber wie sonst sollte man Einblick in den Alltag und die Entwicklung der Kinder bekommen? Bei manchen Forschungsergebnissen kommt deshalb sicher die Tendenz der sogenannten sozialen Erwünschtheit zum Tragen, was jedoch einen Großteil sozialwissenschaftlicher und psychologischer Studien betrifft. Sie methodisch zu eliminieren ist schwierig und könnte nur durch eine valide Fremdbeurteilung der Aussagen von »Betroffenen« erfolgen.

Selbst wenn man der Forschung über Regenbogenfamilien einen höheren Anteil an Eigeninteresse als sonst in der Wissenschaft üblich unterstellen würde, so bleiben die bisherigen Ergebnisse einigermaßen plausibel – zumal zunehmend eben auch das Umfeld der Kinder (etwa Kitas und Schulen) in die Befragungen einbezogen wird und damit objektivere Ergebnisse vorliegen. Die Bamberger Familienstudie hat beispielsweise die subjektiven Aussagen der Eltern und Kinder in Regenbogenfamilien ergänzt und kontrastiert mit einer Befragung von Experten sowie Organisationen wie Kinderschutzverbänden, Beratungsstellen und Therapeuten.

Bislang deutet also nichts darauf hin, dass Jungen und Mädchen, die in gleichgeschlechtlichen Lebensgemeinschaften aufwachsen, benachteiligt sein könnten. Vielmehr gibt es viele Anhaltspunkte dafür, dass das jeweilige Geschlecht der Eltern weniger wichtig ist als Faktoren wie stabile Elternbeziehung, wertschätzendes Familienklima und sichere Bindung.

Aber weniger wichtig heißt nicht, dass das Geschlecht der Eltern für die Entwicklung eines Kindes gar keine Rolle spielt und dass – in Überbetonung der Gender-Theorie – Unterschiede zwischen den Geschlechtern ohne Folgen nivelliert werden könnten.

Deshalb ist auch die Position mancher Lesben- und Schwulenaktivisten falsch, dass es überhaupt keiner weiteren Forschung bedürfe, weil die positive Entwicklung von Kindern in Regenbogenfamilien ohne jeglichen Zweifel belegt sei. 30 bis 40 Jahre Forschung sind im Wissenschaftsbetrieb ein sehr kurzer Zeitraum. Und unabhängig von der sexuellen Orientierung der Eltern ist die Frage nach dem Aufwachsen von Kindern, die mithilfe der Reproduktionsmedizin auf die Welt kommen, noch lange nicht geklärt. Wissenschaft hat nicht die Aufgabe, einen politisch korrekten Status quo festzuschreiben, sondern auch Trends innerhalb der Forschung zu hinterfragen.

Um das zu verdeutlichen, hilft vielleicht ein Blick nach Skandinavien auf die Debatte sowie die Studienlage zur Krippenbetreuung von Kleinkindern. Über viele Jahre hinweg stellte kaum ein Forscher dort infrage, dass die Fremdbetreuung in den ersten Lebensjahren positive Effekte auf die Kinder habe, deshalb wurde die institutionalisierte Kleinkindbetreuung zum Teil flächendeckend eingeführt. Erst seit Kurzem mehren sich die Stimmen, die unter anderem auf Defizite im Bindungsverhalten hinweisen – eng gekoppelt an die Zeitdauer sowie an die Qualität des Betreuungspersonals. Nach 40 Jahren hochgelobter institutionalisierter Betreuung in Skandinavien weisen Expertinnen und Experten wie Erja Rusanen, Dozentin für Pädagogik an der Universität von Helsinki, oder der Familientherapeut Jesper Juul aus Dänemark nun besorgt auf Verhaltensauffälligkeiten, Defizite im Bindungsverhalten und emotionale Störungen hin, die vor 30 Jahren niemand prognostiziert hatte – und vermutlich auch nicht prognostizieren wollte, weil es politisch nicht opportun gewesen wäre.

Zurück zu den Mädchen und Jungen mit gleichgeschlechtlichen Eltern: Es ist nicht anzunehmen, dass ihnen als Erwachsenen ähnliche Nachteile drohen wie schlecht betreuten und vom Elternhaus nicht ausreichend gebundenen Krippenkindern – zumindest nicht in ihrer primären Eigenschaft als Regenbogenkinder. Aber wie die neue, bunte Vielfalt, die in heterosexuellen wie homosexuellen Konstellationen gleichermaßen zu beobachten ist, sich auf sehr lange Sicht auf das Aufwachsen und die Identitätsbildung von Kindern auswirkt, lässt sich heute keinesfalls sicher sagen. Was bedeutet es beispielsweise für die Identität von Inseminationskinder, die bei homo- oder heterosexuellen Eltern oder Alleinstehenden aufwachsen, dass ein »Dritter« oder eine »Dritte« bei Zeugung und/oder Geburt »geholfen« hat? Wie gehen Kinder, Jugendliche und junge Erwachsene damit um, dass sie zwei Mütter haben – nämlich eine, die ihre Eizelle gespendet, und eine andere, die das Kind ausgetragen hat? Was heißt es für einen Heranwachsenden, wenn er erfährt, dass er für den Preis eines Mittelklassewagens im Ausland gezeugt und geboren wurde, weil es in Deutschland verboten war? Und noch wichtiger als diese Ausnahmefälle: Was heißt es langfristig für eine Gesellschaft, wenn ihre Kinder zunehmend in wechselnden Familienkonstellationen leben und die Auflösung eines stabilen Gebildes zugunsten von Provisorien meistern müssen?

Das alles hat mit der Frage nach homo oder hetero nichts mehr zu tun, aber sehr viel mit der Vorstellung von Kindheit und Familie in der Zukunft. Und das betrifft alle. Der ausschließlich auf den Unterschied fixierte Vergleich ist deshalb nachrangig. Viele andere Parameter spielen für das gesunde Aufwachsen von Kindern eine Rolle, vor allem der soziokulturelle Hintergrund. So wird ein Vergleich zwi-

schen einem Regenbogenkind aus der gebildeten Mittelschicht, das in eine stabile und wertschätzende Partnerschaft hineingeboren wird, und einem Gleichaltrigen bei
heterosexuellen Eltern aus prekären Verhältnissen ganz
klar Vorteile für das Regenbogenkind bringen. Und ein
Kind, das nach einer traumatischen Trennung der leiblichen
Eltern in eine neue Regenbogenkonstellation hineinwächst,
wird vermutlich mehr Probleme zu meistern haben als ein
Kind ohne Trennungserfahrung – egal, ob es in einer stabilen gleichgeschlechtlichen oder heterosexuellen Konstellation groß wird. Denn eine übereinstimmende Erkenntnis
fördern die nationalen und internationalen Familienforscher immer wieder zutage: Trennungserfahrungen – völlig
gleichgültig, welche sexuelle Orientierung die Eltern haben – beeinträchtigen Kinder in ihrer Entwicklung.

Für Deutschland gibt es bislang nur eine einzige repräsentative Querschnittsstudie, auf die sich Politik, Justiz und
Gesellschaft gleichermaßen beziehen. Die Bamberger Untersuchung über die Lebenssituation von Kindern in gleichgeschlechtlichen Lebenspartnerschaften unter der Leitung
der Familienforscherin Marina Rupp basiert auf einer Befragung von rund 1.000 Eltern in Regenbogenfamilien, die
meisten davon in eingetragenen Lebenspartnerschaften.
Zudem befragte das Staatsinstitut für Frühpädagogik in
München in einer psychologischen Teilstudie 119 Kinder ab
zehn Jahren. Bei den befragten Eltern handelte es sich vor
allem um Frauenpaare, sodass verlässliche Aussagen über
die Entwicklung von Kindern bei schwulen Vätern hier nur
schwer zu treffen sind. Eingeschränkt sind die Aussagen
der Studie auch deshalb, weil ein Großteil der befragten

Kinder in heterosexuellen Beziehungen geboren wurde und erst später, nach dem Coming-out eines Elternteils (meistens der leiblichen Mutter), in eine gleichgeschlechtliche Partnerschaft wechselte.

Aktuell wächst die Zahl der Kinder, die in eine gleichgeschlechtliche Partnerschaft hineingeboren werden, die das Zweier-Prinzip »leiblicher Vater + leibliche Mutter« also gar nicht kennenlernen. Für repräsentative Studien sind es aber erstens noch zu wenige, und zweitens sind die meisten Kinder noch zu jung, um selbst Auskunft geben zu können. Familienforscherin Marina Rupp vermutet jedoch, dass sich bei diesen Kindern *noch* weniger Unterschiede zum Aufwachsen in Hetero-Familien finden lassen werden. Ihre Entwicklung, so die Prognose, werde zudem *noch* positiver ausfallen, weil diese Kinder die Trennungserfahrung durch ein Coming-out der Eltern nicht verarbeiten müssten und die Familienstruktur vermutlich stabiler sei.

Sind Lesben und Schwule also am Ende sogar die besseren Eltern? »Nein«, sagt Marina Rupp, »ich würde jedoch sagen, dass sie aufgrund ihrer Lebensform die Kinder bewusster erziehen und ihr Leben auf das Kind ausrichten. Wenn die Umwelt diese Familien akzeptiert, haben die Kinder keine Probleme.«

Regenbogenkinder aus der Sicht der Bindungsforschung und Sozialwissenschaft

Die stabile Bindung an eine oder mehrere Bezugspersonen in der frühen Kindheit ist für die Entwicklung eines Menschen von entscheidender Bedeutung. Ob sich ein Kind von klein auf geliebt und geborgen fühlt, entscheidet maßgeblich darüber, wie sein Leben als Erwachsener verläuft. Das Kind eignet sich nämlich in dieser frühen Phase bei der Interaktion mit seinen Bezugspersonen komplexe Modelle an, die nicht nur das eigene Bindungs- und Beziehungsverhalten steuern, sondern auch die Selbstwahrnehmung.[8] Diese Bindungserfahrung prägt Selbstbewusstsein, Empathie, die Fähigkeit, mit Niederlagen fertig zu werden, und sie kann unsere kognitive Entwicklung ein Leben lang beeinflussen.

Der Schweizer Kinderarzt Remo H. Largo befasst sich seit Jahrzehnten mit den Faktoren, die zu einer gesunden Entwicklung führen – und damit, welche sie verhindern. Dreh- und Angelpunkt ist für ihn die Bindung an die Eltern und deren Beziehung untereinander:»Entscheidend für das Kind ist, ob es sich geborgen fühlt oder nicht. Welche Bezugspersonen dieses Grundbedürfnis sicherstellen, spielt an sich keine Rolle. Diese Personen müssen aber mit dem Kind ausreichend vertraut sein, und das Kind muss sich bei ihnen wohlfühlen«, sagt Largo. Er sieht sogar einen Vorteil, wenn – wie in vielen Regenbogenfamilien der Fall – ein Kind mehrere Bezugspersonen hat. Während ein Großteil der Kinder in Europa längst nicht mehr in Groß-, sondern in Kleinfamilien aufwächst, könnte ein Mehr an Bezugspersonen und Beziehungen dem Kind auch mehr Stabilität und Kontinuität sowie unterschiedliche Erfahrungen in seiner Sozialisation bieten.»Natürlich immer unter der Bedingung, dass eine gute Beziehungsqualität gewährleistet ist«, schränkt Largo ein.

Ist das Geschlecht der Eltern also gar nicht relevant? Largo bezweifelt die große Relevanz, die den Geschlechterrollen für das Kind zugeschrieben wird – zumindest für unsere westliche Gesellschaft. Er habe Mühe, überhaupt noch elementare Unterschiede zwischen Vater und Mutter festzustellen, argumentiert er. Die Geschlechter hätten sich durch die Emanzipation der Frau in der Gesellschaft massiv angeglichen. Die Frau sei emotional, sozial und existenziell sehr selbstständig geworden, während sich die patriarchale Stellung der Männer immer mehr abgeschwächt habe.

Das stimmt. Aber sind wir tatsächlich bei einer Nivellierung der Unterschiede angelangt? Gehen Väter nicht immer noch anders mit ihren Kindern um als Mütter? Können Kinder nicht von Männern andere Dinge lernen als von Frauen? Und: Zeigen nicht auch Homosexuelle in ihrem Zusammenleben als Paar trotz ihrer Gleichgeschlechtlichkeit weibliche beziehungsweise männliche Verhaltensweisen? Largo bestreitet die unterschiedlichen Interessen und Rollenverhaltensweisen nicht, hält aber andere Dinge beim Aufwachsen von Kindern für wesentlicher:

> *»Vielleicht wirft der Vater das Kind häufiger und mutiger in die Luft als die Mutter und balgt mit ihm mehr herum. Aber ist das elementar für ein Kind? Viel wichtiger ist doch die Frage, wie Vater und Mutter, oder eben gleichgeschlechtliche Eltern, miteinander und mit dem Kind umgehen. Das Kind verinnerlicht das Beziehungsverhalten der Eltern und übernimmt es. Da ist es entscheidend, wie sehr der eine auf den anderen eingeht, ob sich die Eltern anschreien oder Konflikte anders lösen. Das ist wichtig – und weniger das Geschlecht der Eltern.*

Angeborenes Spielverhalten

In den 1970er-Jahren hat Largo in einer Studie das frühe Spielverhalten von Kindern untersucht. Dabei konnte er Erstaunliches beobachten. Unabhängig vom Geschlecht der Eltern bevorzugten Mädchen und Jungen bereits im zweiten Lebensjahr unterschiedliche Tätigkeiten.[9] Geschlechtsspezifisches Verhalten scheint also zunächst angeboren und nicht durch Vorbilder geprägt zu sein. Als den Jungen und Mädchen Puppenmöbel zum Spielen angeboten wurden, passierte das, was Eltern täglich bei ihren eigenen Kindern beobachten können (Ausnahmen bestätigen die Regel): die Mädchen begannen, Töpfe auf den Herd zu stellen und zu rühren. Die Jungen versuchten, den Herd zu öffnen, und wollten herausfinden, ob die Kochplatten beim Drehen der Schalter warm werden. Im zweiten und dritten Lebensjahr trat nach Largos Beobachtungen dieses unterschiedliche Spielverhalten noch einmal deutlicher hervor. Seine Schlussfolgerung gilt bis heute: »Die beiden Geschlechter haben unterschiedliche Interessen und bevorzugen unterschiedliche Verhaltensweisen, lange bevor sie eine Ahnung davon haben, dass es so etwas wie zwei Geschlechter gibt.« Zwar räumt Largo ein, dass es durchaus Überlappungen zwischen dem Spielverhalten von Mädchen und Jungen gibt, dennoch blieben die Unterschiede deutlich bestehen.

Wie gering offenbar der Einfluss des Elterngeschlechts auf das Verhalten der Kinder ist, zeigt sich besonders deutlich, wenn Kinder nicht im klassischen Mutter-Vater-Setting aufwachsen. Als Beispiel nennt der Kinderarzt Studien über Jungen, die ausschließlich bei Müttern aufwachsen, sowie umgekehrt über Mädchen, die überwiegend von ihren Vätern betreut werden. Auch hier gebe es zwischen dem zweiten und dem fünften Lebensjahr eine klare Präferenz für männliche beziehungsweise weibliche Verhaltensweisen, die sich nicht von Kindern in anderen Familienkonstellationen unterschieden, sagt Largo. Die Präferenz der Kinder setze sich auch gegen gegengeschlechtliche Vorbilder durch:

»Hunderttausende von Jungen, die ausschließlich von ihren Müttern aufgezogen werden, schieben dennoch Autos durch die Wohnung und fuchteln mit Gummischwertern herum. Umgekehrt fangen Mädchen, die bei ihrem Vater aufwachsen, nicht automatisch an, mit Lastwagen zu spielen oder sich als Ritter zu verkleiden. Und wenn sie es doch tun, dann hat das mit ihren eigenen Neigungen zu tun, nicht aber mit dem Geschlecht der Eltern.«

Ein Cowboy als Kinder-Kümmerer

Noch deutlicher formuliert es die Leiterin des Staatsinstituts für Frühpädagogik, Fabienne Becker-Stoll. Die Natur habe gut daran getan, das Überleben eines Kindes nicht davon abhängig zu machen, ob die leibliche Mutter oder der leibliche Vater sich um es kümmern könne, sagt die Entwicklungspsychologin. Deshalb binde es sich nach der Geburt an jene Person, die für es verantwortlich sei, seine Bedürfnisse umfassend befriedige und am meisten mit dem Kind interagiere.

Die Forscherin erinnert sich in diesem Zusammenhang an einen Western, bei dem ein Cowboy – unfreiwillig – zum Kinder-Kümmerer wird, weil die Mutter bei der Geburt ihres Kindes mitten in der Wüste stirbt. Obwohl die Fürsorge für ein Neugeborenes für ihn so fern von seiner Lebensrealität ist wie der Abstand zwischen Erde und Sonne, tut der Mann instinktiv genau das Richtige: Er schützt den Winzling vor der Hitze, taucht ein Tuch in Wasser und steckt es dem Kind in den Mund. »Nehmen wir mal an, er wäre mit dem Kind allein geblieben und hätte es geschafft, es in der Wüste ohne Milchpulver durchzubringen«, überlegt Becker-Stoll, »dann hätte das Kind eine sichere Bindung an diesen Cowboy gehabt. Es hätte vermutlich toll reiten und schießen gelernt – auch wenn es ein Mädchen gewesen wäre – und wäre absolut überlebensfähig gewesen.«

Was die Entwicklungspsychologin damit sagen will: Das Geschlecht der Eltern ist für ein kleines Kind erst einmal nicht relevant. Und auch für die spätere Entwicklung seien andere Dinge viel entscheidender, sagt die Expertin:

»*Die sexuelle Neigung der Eltern wird völlig überschätzt. Es ist ein winziger Teil der Persönlichkeit. Alle Eltern tragen in sich beide Anteile – weiblich und männlich. Aus der Bindungsforschung wissen wir: Es gibt sehr liebevolle und geduldige Väter, die mütterlicher sind als Mütter – und umgekehrt. Nicht das Chromosomenpaar XY entscheidet über die Feinfühligkeit einer Person, sondern ihre Fähigkeit, zwischen den eigenen und den Bedürfnissen des Kindes zu unterscheiden.*«

Fabienne Becker-Stoll hat die Kinderbefragung im Rahmen der Bamberger Studie über Regenbogenfamilien mit ihrem Team geleitet. Die Bindungsforscherin konnte keine relevanten Unterschiede zu Gleichaltrigen in heterosexuellen Paar-Konstellationen erkennen. Stattdessen stellte sie fest, dass die Unterschiede nicht entlang der Linie hetero–homo verliefen, sondern sich erst zeigten, wenn es Probleme zwischen den leiblichen Eltern oder in der neuen Patchwork-Familie gab. Damit bestätigte ihre Untersuchung eine alte Erkenntnis der Familienforschung: Konflikte zwischen den primären Bindungspersonen belasten die Heranwachsenden. Die (neue) sexuelle Orientierung der Eltern kann zwar ein Auslöser für diese familiären Konflikte sein, aber sie ist in der Regel nicht die Ursache für die Probleme der Kinder. Oder für den Positiv-Fall formuliert: Was Kinder im Idealfall von ihren leiblichen oder sozialen (oder beiden) Eltern lernen, ist Beziehungskompetenz und wie sie selbst mit Konflikten umgehen.

Überbewertete Normal-Familie

Eine Lanze für die Regenbogenfamilien bricht auch der Bindungsexperte und Kinder- und Jugendpsychiater Karl Heinz Brisch. Er sieht keine Probleme für die Rollenidentität und das Rollenverhalten der Kinder. Denn diese orientierten sich nicht nur an den gleichgeschlechtlichen Eltern, sondern ebenso an ihrem Umfeld – zum Beispiel an Lehrern oder Verwandten.[10] Ein Kind, so lässt sich Brisch interpretieren, sucht sich also, was es braucht. Brisch konfrontiert die Kritiker der Regenbogenfamilien mit dem

Image der so genannten Normal-Familie, das er für überbewertet hält:

>»*Die Realität der sogenannten normalen Familie sieht anders aus, als sie von konservativen Kreisen und speziell von Kirche und Staat beschrieben wird (...) Die Väter sind oft abwesend, die Kinder wachsen bei den Frauen auf. Ein großer Belastungsfaktor für Kinder ist es, wenn alleinerziehende Mütter weder sozial noch finanziell unterstützt werden. Studien aus den USA und Europa sagen, dass homosexuelle Väter im Vergleich zu heterosexuellen engagierter und präsenter sind. Ähnlich ist das auch bei lesbischen Paaren.«*

Brisch und viele andere Wissenschaftler gehen davon aus, dass Regenbogeneltern selbst dafür sorgen, dass ihre Kinder zum jeweiligen anderen Geschlecht Kontakt haben. In vielen gleichgeschlechtlichen Partnerschaften ist das tatsächlich der Fall: Viele lesbische Mütter bemühen sich sehr, ihren Kindern Kontakt zu befreundeten oder bekannten Männern zu bieten. Vermutlich tun sie das aufgrund der Sorge vor einem Defizit für ihr Kind sogar viel intensiver, als es alleinerziehende Mütter tun. Umgekehrt suchen auch die noch wenigen schwulen Väter-Paare nach weiblichen Bezugspersonen, wobei sich das anders als bei den Lesben meist ganz von selbst ergibt: Sowohl im Kindergarten als auch in der Schule treffen die Kinder überwiegend auf Frauen.

Allein unter Frauen

Die pädagogischen Institutionen in Deutschland sowie in den meisten anderen Ländern dieser Welt sind eine Domäne der Frauen. Der Jugendforscher Klaus Hurrelmann sieht genau darin eine Benachteiligung und fordert, dass Mädchen und Jungen beide Geschlechter in Krippen, Kindergärten und Grundschulen erleben sollten. Sorgen machen ihm vor allem die Jungen. Der Soziologe sieht einen Zusammenhang zwischen dem schlechteren Abschneiden der Jungen bei internationalen Leistungsstudien wie IGLU (Leseleistung in der Grundschule) und PISA für den Sekundarbereich. Der Trend zum männlichen Bildungsverlierer, so Hurrelmann, könnte seine Ursache in einer allgemeinen Verunsicherung bezüglich der männlichen Geschlechtsrolle haben. Das wiederum könnte unter anderem daran liegen, dass den Jungen ein soziales Nachahmer-Modell für den Aufbau der eigenen männlichen Geschlechtsrolle fehle. Die Dominanz der Frauen in den Familien sowie den pädagogischen Institutionen trage womöglich ihren Teil dazu bei.[11]

Was hat das mit Regenbogenfamilien zu tun? Ähnlich wie für Alleinerziehende (oder Familien, in denen der Vater kaum präsent ist) stellt sich vor allem für Frauenpaare mehr als in der klassischen Vater-Mutter-Konstellation die Frage nach dem Kontakt zum männlichen Geschlecht. Dabei ist nach Ansicht von Klaus Hurrelmann nicht nur die Qualität der Beziehung entscheidend, sondern auch die Quantität und damit die Alltagserfahrung des Kindes. Eine Kleeblatt-Regenbogenfamilie, in der ein Kind mit zwei Müttern und zwei Vätern aufwächst, wäre demnach eine gute Konstellation, meint der Jugendforscher – sofern die jeweilige Beziehung zum Kind und auch untereinander stimme.

»Beide Geschlechter sollten im Alltag dieser Kinder eine wichtige Rolle spielen. Es fehlt sonst eine Vielfalt im Repertoire des Aufwachsens, wenn ein Kind nicht Männer und Frauen erlebt und ihnen nahe ist. Dabei ist es eine zusätzliche Bereicherung, wenn Kinder mit unterschiedlichen Modellen von Männlichkeit und Weiblichkeit in Kontakt kommen. Wenn das fehlt, haben Kinder ein Handicap, weil sie sich nicht mit diesen Unterschieden auseinandersetzen können. Sie werden das später, außerhalb der Familie, sicher nachholen, aber es fehlt dann in ihren ersten Entwicklungsphasen.«

Das sehen auch viele Regenbogenfamilien so – und bemühen sich deshalb intensiv um den Kontakt zum jeweiligen Gegengeschlecht.

Problematisch kann aber nicht nur der fehlende Kontakt zu Männern oder Frauen sein. Kinder registrieren auch sehr genau, wie ihre Eltern über das jeweils andere Geschlecht reden, ob sie es wertschätzen oder ablehnen. Moritz (22) sagt zum Beispiel über seine leibliche Mutter Gabi, die sich als Feministin gegen sexuelle Gewalt an Frauen und Mädchen einsetzte:

»Es war so, als ob ich als Mann automatisch die Schuld daran hätte, dass Frauen vergewaltigt werden – obwohl meine Mutter mir das sicher nie unterstellt hat.«[12]

Der wegen seiner antifeministischen Haltung umstrittene Soziologe Gerhard Amendt sieht eine generelle Entwicklungshürde für die Söhne lesbischer Mütter – vor allem dann, wenn sie durch Insemination entstanden sind. Er ist überzeugt, dass die besondere Geschlechtsidentität der homosexuellen Mutter und die Art der Zeugung negative Auswirkungen auf den Sohn haben:

»Er (der Sohn) wird jenseits aller individuellen Besonderheiten grundsätzlich mit einer Frau aufwachsen, deren Weiblichkeit von unbewusster Angst vor dem und von der Abwendung vom Männlichen – also dem Körper, dem Penis und seinen Symbolisierungen – beherrscht wird. Der Sohn wird zwangsläufig in ihr all das auslösen, was sie am Männlichen schwer erträgt (...).«[13]

Niemand kann ausschließen, dass eine lesbische Mutter – vor allem dann, wenn sie männliche Gewalt erfahren hat – in ihrem Verhalten gegenüber ihrem Sohn ambivalent ist und dass dies das Kind beeinträchtigt. Plausibel wäre auch, dass die persönliche, kulturelle wie politisch abgrenzende bis ablehnende Haltung vieler Feministinnen zum Gegengeschlecht gerade in den 1970er- und 1980er-Jahren auch die Haltung ihrer Kinder, sofern sie überhaupt welche hatten, geprägt hat. Das trifft aber ebenso auf heterosexuelle Frauen zu, die aufgrund von Gewalterfahrungen oder aus anderen Gründen ein gestörtes Verhältnis zum anderen Geschlecht haben – und vice versa für Männer. Ebenso weiß man aus gescheiterten heterosexuellen Beziehungen mit gemeinsamen Kindern, dass viele Mütter und Väter nach der Trennung nicht mehr in der Lage sind, den jeweiligen Partner gegenüber dem Kind wertzuschätzen.

Amendt unterstellt, dass Lesben Männerhasser sind. Mit der Lebenswirklichkeit sehr vieler homosexueller Frauen hat das jedoch nichts zu tun. Frauke (42) ist Mutter einer vierjährigen Tochter. Sie hat ihre Vorliebe für Frauen schon sehr früh entdeckt und ist im Gegenteil überzeugt davon, dass sie gerade aufgrund ihrer lesbischen Biografie Männern gegenüber besonders vorurteilsfrei ist:

»Bei mir hat sich das Lesbischsein nie gepaart mit militanten feministischen Ideen. Das ist mir total fremd. Vor allem finde ich den Gedanken abwegig, dass Lesben Männer hassen. Das ist absurd – zumindest bei mir. Ich mag Männer und vermittle das, glaube ich, auch meinem Kind.«

Auch Fraukes Partnerin Eva hält es für wichtig, dass die gemeinsame Tochter Kontakt zum leiblichen Vater und zu anderen männlichen Rollenvorbildern hat. So sieht sie zum Beispiel bei dem vierjährigen Mädchen das Bedürfnis, mit dem leiblichen Vater und dessen Partner zu toben, sich körperlich auseinanderzusetzen. Dieses Bedürfnis, vermutet Eva, sei bei Jungen möglicherweise noch stärker ausgeprägt.

»Wenn das alles wegfällt, tut es den Kindern nicht gut. Es gehört einfach dazu, beide Geschlechter zu erleben, um normal groß zu werden. Als Lehrerin beobachte ich auch, dass Jungen, die nur von Frauen umgeben sind, in ihrem Verhalten oft problematisch sind.«

Gegen die Natur? Das Aufwachsen in gleichgeschlechtlichen Partnerschaften aus neurobiologischer Sicht

Was braucht ein Kind, um sich gut zu entwickeln?

Während ein Großteil der neueren Forschung über die Entwicklung von Kindern in Regenbogenfamilien dem Geschlecht der Eltern eine eher geringe Bedeutung beimisst, hält der Erlanger Professor für Neurobiologie, Ralph Dawirs, das kindliche Erleben von unterschiedlichen Geschlechterrollen für fundamental. Der Mitbegründer des Instituts für Bindungswissenschaften kritisiert, die Debatte über Regenbogenfamilien werde vor allem aus der Erwachsenenperspektive und zu wenig aus Kindersicht geführt. Er gibt zudem zu bedenken, dass die Langzeitwirkung des Aufwachsens bei gleichgeschlechtlichen Paaren noch nicht hinreichend untersucht ist. Den Evolutionsbiologen interessiert weniger die moralisch-ethische Ebene der Diskussion, sondern seine Fragestellung ist eine andere: Was braucht ein Mensch, um sich hinreichend gut zu entwickeln?

»Entwicklung und Elternschaft sind immer ein Abenteuer. Aber die Evolution hat bei uns Spuren hinterlassen, die wir nicht ignorieren können«, sagt Dawirs. Der Mann-Frau-Dualismus gehört für ihn dazu. Dawirs betrachtet die Dinge nicht durch die Brille der Menschenrechtler oder Gleichstellungsbeauftragten, sondern nüchtern wie ein Gärtner oder Zoologe. Ein Kind, das ausschließlich mit zwei Müttern oder zwei Vätern (oder bei einem/einer Alleinerziehendem/en) aufwächst, hat aus seiner Perspektive Nachteile gegenüber Gleichaltrigen, die ihren Alltag mit beiden Geschlechtern erleben, weil es ein eingeschränktes Spektrum an Verhaltens- und Rollenmustern erlebe. Natürlich passe sich ein Kind an andere Konstellationen an, sagt Dawirs. Das allein mache sie aber noch lange nicht zu einer Familie mit möglichst guten Rahmenbedingungen für die Entwicklung. Die Perspektive dieser Kinder sei eingeschränkt:

>>*Es ist nicht das Gleiche, ob ein Kind von zwei Männern oder zwei Frauen oder von Frau und Mann großgezogen wird, denn die Signale der Geschlechter an das Kind sind sehr unterschiedlich. Für die Entwicklung seiner Persönlichkeit und später des eigenen Sexualverhaltens braucht ein Kind beide Geschlechter als Bindungspersonen. Was aber nicht angeboten wird, daran kann sich ein Kind auch später nicht orientieren. Es gibt nämlich nach wie vor bestimmte männliche und weibliche Verhaltensweisen – auch wenn es im Gender-Zeitalter nicht mehr politisch korrekt ist, das zu sagen.*<<

Dawirs warnt davor, die Unterschiede zwischen den Geschlechtern weiter einzuebnen und verweist wie der Sozialforscher Hurrelmann auf die Debatte um die weibliche Präsenz in den Bildungseinrichtungen. Seit Jahren klage die Gesellschaft darüber, dass Jungen nur von Frauen betreut würden, argumentiert Dawirs: »Und jetzt soll es auf einmal ganz egal sein, wer die Kinder großzieht?« Das Vergleichs-Argument, nach dem Kinder in der klassischen Vater-Mutter-Familie ebenfalls Bindungsdefizite erlebten, da häufig nur ein Elternteil anwesend sei, lässt Dawirs nicht gelten. »Das Argument greift nicht. Ich finde es unredlich, zu sagen: Die traditionelle Familie funktioniert nicht mehr, und daraus abzuleiten, dass gleichgeschlechtliche Beziehungen automatisch besser und harmonischer für Kinder seien.«

Regenbogenkinder aus psychoanalytischer und therapeutischer Sicht

Die traditionelle Psychoanalyse hat in der Homosexualität lange Zeit eine Abweichung und sogar eine Krankheit gesehen. Heute haben Psychoanalytiker diese Sicht längst revidiert. Dennoch gilt das Aufwachsen mit nahen Bezugspersonen beider Geschlechter als entwicklungsfördernd. Je nach Entwicklungsstufe ist mal das eigene, mal das Gegengeschlecht wichtig. Ein Spiegelungsprozess zwischen Tochter und Mutter läuft anders ab als jener zwischen Tochter und Vater. Beides hat in psychoanalytischen Konstruktionen eine wichtige Bedeutung.

Aus psychoanalytischer Perspektive setzen sich zum Beispiel etwa vierjährige Kinder aufgrund der Entwicklung des Denkens und der Einfühlungsfähigkeit mit sogenannten Dreieckskonstellationen (Triaden) auseinander. Die damit verbundenen Konflikte wie Eifersucht und das Ausgeschlossensein aus einer Zweierbeziehung hat Freud ursprünglich als Ödipuskomplex beschrieben. Laut Psychoanalyse sind die damit verbundenen Lernerfahrungen und Problemlösungen ganz besonders wichtig für die Entwicklung eines inneren Werte- und Regelsystems. Die Abwesenheit einer der beiden Geschlechterrollen in den ersten Lebensjahren wurde und wird deshalb von vielen Psychoanalytikern zumindest mit Skepsis betrachtet. Der Psychoanalytiker Alexander Mitscherlich hat in den 1960er-Jahren die Folgen einer väterlichen Leerstelle in seinem Standardwerk »Auf dem Weg zur vaterlosen Gesellschaft« nicht nur für das Individuum, sondern für die ganze Gesellschaft beschrieben.

Mit Blick auf gleichgeschlechtliche Paare und ihre Kinder steht für viele Psychoanalytiker heute nach wie vor die Frage der Identitätsfindung im Vordergrund. Das Phänomen der neuen Regenbogen-Generation, die nicht aus heterosexuellen Beziehungen stammt, sondern in homosexuelle Partnerschaften hineingeboren wird, ist mit den Methoden der Psychoanalyse noch kaum untersucht. Marianne Leuzinger-Bohleber, Direktorin des Sigmund-Freud-Instituts in Frankfurt am Main, schickt das einschränkend voraus, bevor sie sich über das Aufwachsen von Kindern gleichgeschlechtlicher Paare äußert. »Ich bin neugierig, wie ihre Identitätsfindung sich entwickeln wird. Bislang wissen wir das nicht.«

Aus der Sicht der renommierten Psychoanalytikerin bedarf es noch intensiver klinischer Forschung und Therapie, um wirklich valide Aussagen über die Identitätsentwicklung von Regenbogenkindern zu treffen. Die Positiv-Prognosen aus Studien wie der Bamberger Familien-Untersuchung betrachtet sie mit Vorsicht, weil sie vor allem auf Fragebogenverfahren und Tests basieren. Solche Verfahren agieren ihr zu sehr an der Oberfläche:

»Aus psychoanalytischer Sicht bleiben diese Studien im Bereich des Bewusstseins. Man fragt Einstellungen und

Verhaltensweisen ab. Aber so etwas Komplexes wie Ge-
schlechtsidentität und ihre Entwicklung kann man mit
Fragebogen- und Testverfahren allein nicht erfassen.«

Leuzinger-Bohleber verweist auf die Ergebnisse der empi-
rischen Säuglingsforschung. Danach entwickle sich die
Kernidentität eines Menschen sehr früh, und sie bilde die
Basis für die spätere Geschlechtsidentität. »Das heißt für
mich, dass die Identifikation mit den primären Bezugspersonen sehr wichtig ist für ein Kind. Und ich vermute, dass
es ein Unterschied ist, ob man bei diesem Prozess in den
ersten Beziehungserfahrungen nur ein Geschlecht zur Verfügung hat oder beide.«

Zwar hält es die Psychoanalytikerin wie viele Bindungs-
forscher für plausibel, dass Kinder in gleichgeschlechtlichen Partnerschaften ebenso sicher gebunden sein können
wie Gleichaltrige in heterosexuellen, wenn die Eltern empathisch und zuverlässig mit ihren Kindern umgehen. Auch
bestreitet sie nicht, dass Geschlechterrollen sehr stark sozial
determiniert sind und damit auch zu einem Konstrukt der
Gesellschaft werden. Dreh- und Angelpunkt für Leuzinger-Bohleber bleibt jedoch die unbewusste Ebene, die bei
der Ausbildung der Identität zum Tragen komme:

»Wir wissen als Analytiker, dass es sogenannte unbe-
wusste Körperfantasien gibt – nämlich typisch weib-
liche und typisch männliche, die sich sehr stark an der
Biologie festmachen und in die seelische Entwicklung
eines Menschen mit eingehen. Deshalb wird es sich, so
meine Prognose, auf ein Kind auswirken, ob es in einer
homosexuellen oder einer heterosexuellen Partner-

schaft groß wird. Wozu das letztlich führt, wird wiederum von vielen verschiedenen Faktoren abhängen: von der Akzeptanz von Regenbogenfamilien in den Gesellschaft, von der Schicht, in der das Kind groß wird, von der Kontinuität und Qualität der Elternbeziehung.«

Wie komplex und vielschichtig die Ausbildung der eigenen Geschlechtsidentität ist, weiß die Therapeutin aus den Gesprächen mit ihren Patienten. Eines ihrer Spezialgebiete ist die psychogene Sterilität, eine seelisch bedingte Fruchtbarkeitsstörung. Frauen, die darunter leiden, wollen zwar gern Kinder haben, verhindern dies aber unbewusst aufgrund ungelöster und bedrohlicher innerer Konflikte. Geschlechtsspezifische Ängste spielen dabei eine große Rolle. Im Verlauf der Therapie stellte Leuzinger-Bohleber unter anderem fest, dass die Mütter aller untersuchten Patientinnen unter Depressionen nach der Geburt gelitten hatten. Diese Mütter, so die Interpretation der Therapeutin, konnten die weibliche Erfahrung von Geburt, Stillen, Ernähren nicht als positiv erleben. Stattdessen entwickelten sie eine tiefe Kommunikationsstörung zu ihren Kindern:

»Dieses frühkindliche Erlebnis wiederum ist tief in die unbewusste Fantasie ihrer Töchter eingegangen. So tragen sie die unbewusste Überzeugung in sich, dass Mutterschaft mit einem tiefen Verlust an Autonomie und mit lebensbedrohlichen Abhängigkeiten vom eigenen weiblichen Körper, vom Liebespartner und vom Kind verbunden ist. Die Töchter assoziierten daher mit Weiblichkeit und Geburt eine Situation der existenziellen Gefahr, auch für die Identität als Frau.

Denn genau das haben sie erlebt – wenn auch nicht bewusst.«

Auf den ersten Blick hat dieses Beispiel mit gleichgeschlechtlichen Partnerschaften nichts zu tun, aber sehr wohl mit der komplexen geschlechtlichen Identitätsfindung und dem Zusammenspiel zwischen Kind und Eltern. Deshalb ergeben sich auf den zweiten Blick sowohl Fragen für das Aufwachsen von Kindern in Regenbogenkonstellationen als auch für Kinder, die mithilfe der Reproduktionsmedizin auf die Welt kommen. Zum Beispiel: Hat es Auswirkungen auf Mädchen, wenn sie in ihren ersten Lebensjahren von Vätern aufgezogen werden und das »Mutter-Werden« nicht Teil ihrer Familiengeschichte ist, etwa weil sie von Leihmüttern ausgetragen wurden? Was bedeutet das für ihre weibliche Identität und eine mögliche eigene Mutterrolle? Oder umgekehrt: Hat es Konsequenzen für Jungen bei lesbischen Paaren, wenn der Prozess ihrer Zeugung aus der Familiengeschichte ausgelagert wird, weil ein samenspendender Vater als Rollenvorbild nicht erwünscht ist? Entwickeln sie andere Vorstellungen vom Vater-Sein? Oder sind andere Faktoren für die Ausprägung der geschlechtlichen Identität sehr viel dominanter, sodass die Frage der Elternkonstellation und ihrer sexuellen Orientierung zu vernachlässigen ist?

Leuzinger-Bohleber vermutet aufgrund ihrer langjährigen Erfahrung als Therapeutin, dass es Auswirkungen hat. Wie genau diese aussehen, müsse sorgfältig untersucht werden. Sie verweist unter anderem auf biologische Merkmale wie Körperhaltung und -bewegungen, an denen sich Kinder in ihrem Identifikationsprozess orientieren. Aber holt sich ein Jugendlicher, der beispielsweise bei lesbischen Frauen aufwächst, nicht automatisch männliche Geschlechtsvorbilder in seinem außerfamiliären Umfeld, wenn es sie zu Hause nicht oder kaum gibt? »Ganz sicher wird sich dieser Junge auch an Erziehern oder Lehrern orientieren«, sagt Leuzinger-Bohleber. Aus Sicht der Psychoanalytikerin ist jedoch entscheidend, ob die Mütter solche Hinwendungen zu Männern zulassen oder gar unterstützen können oder ob sie den Männerkontakt des Kindes als Abwendung von ihnen und Angriff auf ihre lesbische Identität erleben.

Sollte Letzteres der Fall sein, so vermutet die Therapeutin, werde es diesem Jungen viel schwerer fallen, sich an Männern außerhalb der Familie zu orientieren und seine eigene Geschlechtsidentität zu entwickeln, was in unserer Kultur immer ein langer und störungsanfälliger Prozess sei:

»Für jeden jungen Menschen ist es eine wichtige Entwicklungsaufgabe, nach Erfahrungen des Ausprobierens herauszufinden, welche Geschlechtsidentität ihm am ehesten liegt. Dabei ist es immer hilfreich, wenn Erwachsene ihn dabei empathisch begleiten und unterstützen, ohne ihm aber eigene Lebensentwürfe – auch bezogen auf sexuelle Entfaltungen – zu sehr überzustülpen.«

Was folgt daraus?

Aus der Sicht der bisherigen Forschung gibt es keinen Grund für die Annahme, dass Kinder in Regenbogenfamilien nicht glücklich aufwachsen und sich zu stabilen Persönlichkeiten entwickeln können. Vor allem die Bindungsforschung hat viele Belege dafür, dass das Geschlecht der Eltern für die Qualität der Eltern-Kind-Beziehung kaum eine Rolle spielt. Hinzu kommt, dass viele Regenbogenkinder Wunschkinder sind und in Familien aufwachsen, die einen empathischen Erziehungsstil pflegen. Da ein Großteil der Regenbogeneltern sich Haushalt und Erziehung partnerschaftlicher aufteilen als heterosexuelle Paare, erleben ihre Kinder tendenziell eine andere kulturelle Prägung der Geschlechterrollen als Gleichaltrige mit heterosexuellen Eltern.

Dieses Beispiel zeigt andererseits aber auch, dass das (mitunter auch aus politischen Gründen vorgetragene) Mantra der vergangenen Jahre, es gebe keinerlei Unterschiede zwischen Kindern aus heterosexuellen und homosexuellen Partnerschaften, in die Irre führt.

Wenn man davon ausgeht, dass die Persönlichkeit der Eltern Einfluss auf die Entwicklung ihrer Kinder hat, dann folgt daraus auch, dass die eigene Geschlechtsidentität und sexuelle Orientierung eine Wirkung haben, denn beide sind Teil der Eltern-Persönlichkeit. Wie groß dieser Anteil tatsächlich ist und wie er im Wechselspiel zwischen Kind und Eltern bewusst oder unbewusst zum Tragen kommt, lässt sich bisher nicht sicher sagen. Doch da die Identitätsfindung zu den kompliziertesten Prozessen im menschlichen Leben gehört, sind durchaus Unterschiede zu erwarten. Ob diese mit Vorteilen oder Nachteilen für das jeweilige Kind, seine Familie oder die Gesellschaft insgesamt verbunden sind, muss die weitere Forschung zeigen. Bisweilen hat man jedoch den Eindruck, dass von der »No-Difference«-Überzeugung immer nur dann abgewichen wird, wenn sich Vorteile für Regenbogenkinder belegen lassen. Genauso legitim sollte es jedoch sein, nach möglichen Hindernissen zu fragen – und Forschungsergebnisse auch dann ernst zu nehmen, wenn sie Entwicklungshürden für Kinder ergeben. Denn nur dann gibt es die Möglichkeit, Strategien zu entwickeln, die mögliche Defizite ausgleichen können.

Alltag unter dem Regenbogen

Die Kleeblattfamilie – Sonja (5) hat vier Eltern*

Sonja lebt in einer Großfamilie. Nicht, weil sie so viele Geschwister hätte, sondern weil es so viele Eltern gibt: Frauke (42) und Eva (59), Henrik (41) und Tom (46). Das macht zwei mehr als üblich, weiß Sonja. Aber damit hört es nicht auf. »Wenn ich vier Eltern habe, dann habe ich doch auch mehr Opas und Omas, oder?«, hat die Fünfjährige neulich gefragt. Fast könnte man meinen, hier kümmere sich ein ganzes Dorf um ein Kind. Bessere Startbedingungen und mehr Förderung gehen kaum.

Im Alltag sieht Sonja jedoch vor allem ihre leibliche Mutter Frauke und deren Partnerin Eva. Sie leben in Berlin-Wilmersdorf. Der Stadtteil gehört zu den guten Wohngegenden in der Hauptstadt. Die sanierte Altbauwohnung, in dem die Fünfjährige mit ihren beiden Müttern wohnt, ist hell, geräumig und stilvoll eingerichtet. Ein Kinderparadies. Sonjas beste Freundin hat auch zwei Väter – nicht, weil sie bei Schwulen aufwüchse, sondern weil die Mutter einen neuen Partner hat.

---

* Sämtliche Namen in diesem Text wurden anonymisiert.

Die Kleine ist gerade aus dem Kindergarten gekommen und futtert Pflaumenkuchen mit Schlagsahne. Im Laufe des Gesprächs mit ihren Müttern wird sie sich eine Decke holen, aufs Sofa kriechen und dort tief und fest einschlafen. Wenn es um die Details ihrer Zeugung geht, schaut Frauke ein paarmal zu ihr hinüber, hört die regelmäßigen Atemzüge und redet dann weiter. Sonja weiß sehr viel über ihre Herkunft, aber die biologischen Zusammenhänge, so meinen die Mütter, würden sie zurzeit noch überfordern.

Sonjas leiblichen Vater Henrik (42) treffe ich später in Frankfurt. Er lebt aus beruflichen Gründen im Rhein-Main-Gebiet, hat sich aber mit seinem Mann Tom eine Wohnung gleich neben Frauke und Eva in Berlin gekauft. Sonja sieht das schwule Paar alle zwei bis drei Wochen, im Urlaub auch häufiger. Henrik ist ein aktiver Vater und im Leben seiner Tochter sehr präsent. Anders, so sagt er, sei das für ihn nicht vorstellbar. Mit seiner Überzeugung, dass ein Kind unbedingt Mutter und Vater brauche, eckt er bei seinen homosexuellen Freunden oft an. Einige sind seitdem nicht mehr seine Freunde – etwa jenes schwule Paar, das auf einer Party die Bemerkung fallen ließ: »So wie Henrik und Tom wollen wir das nicht machen. Wir lassen die Frauen lieber draußen.« Henriks Einwurf, dass sie sich dann vielleicht besser einen Hund anschaffen sollten, weil der nicht nach seiner Herkunft frage, kam nicht gut an. »Ich weiß, dass ich damit vielen in der Szene auf die Füße trete, aber das ist nun mal meine Haltung«, sagt der Vater.

Gemeinsam mit Frauke hat Henrik über seine Samenspende und mithilfe einer Berliner Frauenarztpraxis Sonja gezeugt. Frauke hatte einmal in ihrem Leben eine ganz kurze Beziehung zu einem Mann, doch dann erkannte sie sehr schnell, dass sie Frauen liebt. Wie viele Lesben und Schwule dachte sie lange, dass Kinder für sie deshalb gar nicht in Frage kämen. Doch mit ihrer Partnerin Eva änderte sich das. Diese war 20 Jahre lang mit einem Mann verheiratet, bevor sie später Frauke traf. Eva sagt, dass sie nicht grundsätzlich lesbisch sei – sich aber in Frauke verliebt habe. Eva hätte gern eigene Kinder gehabt, was in ihrer Ehe jedoch nicht klappte. »Ich habe es immer bereut, keine Kinder zu haben«, sagt Eva. Sie hatte in ihrer Ehe alles möglich versucht, um schwanger zu werden. Später dachte sie über Adoption nach. Doch am Ende blieb sie kinderlos.

Eva wollte nicht, dass Frauke das auch passiert, und ermutigte sie, darüber nachzudenken. Und so reifte langsam der Plan, gemeinsam ein Kind großzuziehen.

»Für uns war von Anfang an klar, dass ein anonymer Spender nicht infrage kommt. Wir wollten nicht, dass das Kind ohne Vater aufwächst«, sagt Frauke. Eva sieht das genauso: »Es gehört dazu, dass man weiß, wo man herkommt. Das darf man einem Kind nicht vorenthalten.«

Über Kontakte im Bekanntenkreis fanden das Lesben- und das Schwulenpaar schließlich zusammen. Beim ersten Treffen waren die Partner von Henrik und Frauke jedoch nicht dabei. Was ist das für ein Gefühl, wenn die Partnerin den Mann trifft, mit dem sie ein Kind zeugen will? Eva zuckt mit den Schultern: »Das war o. k. Es war ja klar, dass ich und Tom erst einmal in der zweiten Reihe standen und dass wir rechtlich gesehen ganz draußen waren.«

Frauke und Henrik fanden sich sympathisch. Sie redeten viel miteinander und stellten fest, dass ihre Vorstellungen von Familie zusammenpassten – zumindest in der

Theorie. Danach fuhren alle vier Eltern in spe gemeinsam zwei Tage nach Rügen, diskutierten miteinander, lernten sich besser kennen und entschieden dann schließlich: Ja, wir versuchen es.

Aber reicht das, um eine Familie zu gründen? Es gab Risiken. Es war ein Experiment – und ist es noch. Die Emotionen aller Beteiligten, wenn das Kind erst einmal da war, konnte niemand voraussehen. Deshalb bemühten sich alle vier, wenigstens auf der rechtlichen und moralischen Ebene möglichst viele Unklarheiten im Vorfeld zu beseitigen.

Zum Beispiel: Die leiblichen Eltern sollten das geteilte Sorgerecht bekommen, das Kind würde aber bei Frauke und Eva aufwachsen. Sie regelten, dass Henrik Unterhalt für das Kind, nicht aber für die Mutter zahlt. Wenn sie das so schildern, klingt das ein bisschen nach Scheidungsverhandlung, obwohl Frauke und Henrik nie miteinander verheiratet waren.

Alle vier ließen sich juristisch beraten, schlossen eine beglaubigte Abmachung – wohl wissend, dass viele Regelungen rechtlich nicht bindend gewesen wären. Zum Beispiel, wenn Henrik nach der Geburt entschieden hätte: »Das Kind soll auch bei mir wohnen!« Sonja hätte dann vielleicht – auch wenn alle gemeinsam es zuvor anders vereinbart hatten – zwischen leiblichem Vater und leiblicher Mutter hin und her pendeln müssen.

Die vier Eltern wollten nichts dem Zufall überlassen, regelten Dinge, die üblicherweise erst nach der Geburt Gewicht bekommen: Soll das Kind schulmedizinisch oder homöopathisch behandelt werden, wenn es krank wird? Staatliche oder private Schule? Aber auch kompliziertere

Fragen wie: Soll Sonja die deutsche und die französische Staatsbürgerschaft haben wie ihre leibliche Mutter? Wird sie zweisprachig aufwachsen, und wie steht es mit dem Recht der Mütter, mit dem Kind vielleicht irgendwann einmal nach Frankreich zu ziehen? Wird Sonja getauft? Wie und wo feiern wir Weihnachten? Getrennt oder zusammen? Wie oft gibt es einen Familienurlaub zu viert? Wer nimmt Elternzeit?

»Wir haben einander vertraut, sonst wäre das alles nicht möglich gewesen«, sagt Frauke rückblickend. Und so ist es heute immer noch, auch wenn sich vieles eingespielt hat. Ihre Bindung zueinander ist stark, aber es bleibt eine Zweckgemeinschaft zum Wohl des Kindes. Frauke beschreibt das so: »Sonjas Bedürfnisse stehen für uns immer im Vordergrund. Unsere persönlichen Wünsche und Befindlichkeiten stellen wir alle vier zurück.«

Es wäre unehrlich, zu sagen, die beiden Paare verbände eine tiefe Freundschaft. Das Vierer-Bündnis bleibt eine Wahlverwandtschaft, in der alle um größtmöglichen Respekt voreinander bemüht sind. Henrik sei ein »extrem zuverlässiger Mensch«, sagen die Mütter zum Beispiel. Sie könnten sich zu 100 Prozent auf ihn verlassen – und Sonja auch. Jeden Termin trägt er in den gemeinsamen Familienkalender ein und verpasst nie einen. Henrik nahm – nach Frauke – fast ein halbes Jahr Elternzeit. Das hatte er von Anfang an deutlich gemacht: Diese frühe Bindungsphase wollte er gemeinsam mit dem Kind in Berlin verbringen.

Gibt es nie Unstimmigkeiten? Die beiden Frauen denken lange nach, dann lachen sie und erinnern sich an Sonjas Geburt. Frauke und Eva waren gemeinsam ins Krankenhaus gefahren, Henrik war ebenfalls schon seit einigen Tagen in Berlin. »Es war abgemacht, dass er nicht bei der Geburt dabei sein würde.« »Das wäre ein Albtraum für mich gewesen – weil es eben doch nicht mein Partner ist«, sagt Frauke. Aber dann, ganz ungeduldiger werdender Vater, stand Henrik plötzlich doch in der Entbindungsstation. »Das war uns dann ein bisschen zu viel. Am liebsten hätte er gleich nach der Geburt das gemeinsame Weihnachtsfest geplant. Diese Rituale sind für ihn ganz wichtig. Da mussten wir uns erst zusammenraufen«, erzählt Eva.

Heute sagen die Mütter über ihr Vierer-Modell: »Als Eltern funktionieren wir gut.« Das klingt mechanisch-praktisch – und so ist es ja auch, weil die Liebe bei ihnen nur paarweise und nicht über Kreuz funktioniert. Dafür funktionieren die Liebe und Fürsorge für Sonja gleich viermal. Es ist ein Aufwachsen mit Netz und doppeltem Boden, das die meisten anderen Kinder nicht haben. Es ist aber auch ein Aufwachsen nach Plan, in dem jeder eine festgelegte Rolle hat.

Und was sagt Sonja? Manchmal wirft die Fünfjährige ihren beiden Müttern im Streit an den Kopf: »Du bist jetzt nicht mehr meine Mutter!« Eva trifft das immer etwas mehr als Frauke, die bei diesen seltenen Attacken ziemlich cool bleibt. »Dann frage ich mich schon manchmal, ob sie mich wirklich liebt – aber das sind sehr, sehr kurze Momente, die in allen anderen Familien sicher auch vorkommen«, sagt Eva.

Was »normal« ist und was nicht, interessiert Sonja derzeit noch wenig. Es ist gut so, wie es ist. Das finden auch ihre Freunde im Kindergarten. Und trotzdem beginnt sie, zu registrieren, dass viele Gleichaltrige anders leben. Ein einziges Mal haben ihre leiblichen Eltern Frauke und Henrik ihre Tochter gemeinsam vom Kindergarten abgeholt. Ein ganzes Jahr lang habe sie danach immer wieder gebeten: »Papa, ich möchte, dass du und Mama mich mal wieder zusammen abholt«, erzählt der Vater. Einmal sagte sie, dass sie gern einen richtigen Papa und eine richtige Mama hätte. Das hat Henrik sehr nachdenklich gemacht. Seine Freunde sagen dann, das komme, weil Sonja in einer Hetero-Welt mit dem dominanten Mutter-Vater-Schema aufwachse. Immer wieder drehen sich Debatten in seinem Bekanntenkreis um diese Frage: Welche Spuren hinterlässt die Heteronormativität, und was ist vielleicht biologisch-genetisch bedingt? Für den Umgang mit seiner Tochter helfe ihm das alles nicht weiter, sagt der Vater: »Mir ist es völlig egal, woher ihr Wunsch kommt. Die Hetero-Welt ist die Realität, in der sie aufwächst. Da kann ich doch nicht sagen: Du willst das ja nur, weil alle anderen das auch so machen.«

Am Ende hilft nur Ehrlichkeit. Natürlich könnten Henrik und Frauke Sonja mal wieder gemeinsam vom Kindergarten abholen. Wahrscheinlich ergibt sich das irgendwann. Und dann? »Wir versuchen alle vier, auf solche Bedürfnisse einzugehen«, sagt Henrik, wohl wissend, das dem Grenzen gesetzt sind: »Aber wir können und wollen ihr nicht vorspielen, dass Frauke und ich ein Paar sind«, sagt er. Sonja hat das längst erspürt mit ihren unsichtbaren Antennen, die bei Kindern ihres Alters in alle Richtungen geschaltet sind. Unglücklich ist sie deshalb nicht. Wenn Eva oder Frauke morgen am Kindergartentor stehen, wird sie wieder strahlen – und beim Abendbrot beiläufig fragen, wann Papa und Tom das nächste Mal kommen.

Henrik scheint es nichts auszumachen, dass die Mütter im Alltag näher dran sind an seiner Tochter, mehr Zeit mit ihr verbringen, Höhen und Tiefen ihrer Entwicklung unmittelbarer erleben als er und sein Partner. Aber je älter Sonja werde, desto wichtiger werde der Papa, haben die Mütter noch kurz vor dem Abschied in Berlin gesagt. Sie erzählen das ganz sachlich, ohne Neid, fast sogar ein bisschen stolz. Und dann sagen sie noch, dass Sonja ein hundertprozentiges Mädchen mit Prinzessinnen-Allüren, Nagellack und deutlichem Interesse für das andere Geschlecht sei – soweit man das jetzt schon sagen könne. »Wir haben den Eindruck, dass sie ihren Weg finden wird – ganz unabhängig von uns vieren.«

182 Schwule Väter – Jan (3) und seine Pflegefamilie*

Früher hat Thomas (44) immer gesagt, dass er auch ohne Kinder glücklich werden könne. Theoretisch stimmt das auch heute noch. In der Praxis gilt der Satz jedoch seit einem halben Jahr nicht mehr. Seitdem Jan (3) bei ihm und Holger lebt, geht es dem schwulen Paar so wie den meisten Eltern. Ein Leben ohne Kind können sie sich heute nicht mehr vorstellen. »Unser gesamtes Leben hat sich zum Positiven verändert«, sagt Holger, obwohl er sein Leben auch vorher sehr genossen hat.

Seit 2004 lebt er mit Thomas zusammen, 2005 haben die

---

* Sämtliche Namen in diesem Text wurden anonymisiert.

beiden geheiratet. »Bei mir war der Kinderwunsch immer da, aber es war klar, dass es keine eigenen Kinder sein müssen«, erzählt Holger: »Ich wollte einem Kind in einer stabilen Beziehung ein Zuhause zu bieten, das es vorher nicht hatte.« Das Wort »Zuhause« fällt ganz oft in diesem Gespräch. Es fällt, wenn sie über Jans Entwurzelung in seiner Herkunftsfamilie sprechen, über die mangelnde Bindungsfähigkeit der leiblichen Mutter, über Jans neuen Start bei ihnen in Frankfurt, über ihre Angst, dass der Junge es nicht als sein Zuhause annehmen könnte, und ihre Erleichterung, als es dann doch geschieht.

Die Entscheidung, ein Pflegekind aufzunehmen, stand am Ende eines langen Prozesses und war keine spontane Entscheidung. Immer wieder dachte das Paar darüber nach, diskutierte und verwarf den Plan wieder, um dann wieder darauf zurückzukommen. Sie befragten sogar ihren Freundeskreis: Könnt ihr euch vorstellen, dass wir gute Eltern sind? Die übereinstimmende Antwort »Wenn nicht ihr, wer dann?« bestärkte sie vor zwei Jahren in ihrem Entschluss, sich beim Jugendamt um ein Pflegekind zu bewerben. Sie hatten diese konkrete Entscheidung auch deshalb vor sich her geschoben, weil sie Vorbehalte des Jugendamts gegenüber schwulen Vätern befürchteten. Rückblickend sagen heute beide, dass das erste Gespräch beim Jugendamt über eine Pflegschaft ganz entscheidend war. Zwei Stunden lang sprachen die Mitarbeiter mit dem Paar. Vorbehalte gab es keine. »Das war keine Kontrollbehörde, sondern sie unterstützten uns«, erinnert sich Thomas. Das Jugendamt vermittelte auch den Kontakt zu einem anderen schwulen Paar, das bereits zwei Pflegekinder betreute. Das hat beiden sehr geholfen.

Ein Dreivierteljahr bereiteten Thomas und Holger sich in Kursen intensiv auf die Pflegschaft vor, machten Rollenspiele, Supervision, Erste Hilfe und befassten sich mit Psychologie, Bindungstheorie und rechtlichen Voraussetzungen. In dieser Qualifizierungsphase, wie sie das Jugendamt nennt, waren sie das einzige Paar, das sich von Anfang an für ein Pflegekind entschieden hatte. Die anderen heterosexuellen Paare sowie eine lesbische Lebensgemeinschaft hatten vergeblich versucht, eigene Kinder zu bekommen oder zu adoptieren. Anders als für Holger und Thomas war die Pflegschaft für sie nicht die erste Option.

Die erste Begegnung

Kurz vor Weihnachten rief das Jugendamt an und fragte: »Können Sie kommen?« Schon nachmittags saßen sie in der Behörde und hörten, in welchen Verhältnissen Jan aufwuchs. Die alleinerziehende Mutter schaffte es nicht, eine Beziehung zu dem Kind aufzubauen. Die Familie war dem Jugendamt schon bekannt, als Jans Mutter selbst noch ein Kind war. Als der Kleine geboren wurde, war das Jugendamt deshalb gleich involviert, zumal die Mutter damals noch minderjährig war. Sie bekam über lange Zeit ambulante Hilfen, die nicht zum gewünschten Erfolg führten. Also zog die Mutter mit Jan in ein betreutes Mutter-Kind-Heim. Auch jetzt gab es noch die Hoffnung, dass die kleine Familie sich irgendwann »normal« entwickeln würde. Sie hatte alle Hilfen bekommen, die Jugendämter in so einem Fall zur Verfügung stellen, dennoch stellte die Behörde irgendwann die »dauerhafte Erziehungsunfähigkeit« fest, weil die Mutter keine Bindung zu ihrem Kind aufbauen konnte – und Jan wurde für die Pflegschaft freigegeben.

Thomas und Holger lernten zuerst Jans Mutter kennen, danach besuchten sie den Jungen im Mutter-Kind-Heim. Nach dem Mittagsschlaf spielte Jan mit einer Erzieherin, Holger und Thomas tasteten sich vorsichtig heran, spielten mit dem Jungen – alles lief gut, bis der Kleine plötzlich hemmungslos zu weinen anfing und sich kaum beruhigen ließ. »Das war in diesem Moment ein Schock für uns – aber im Nachhinein war seine Reaktion nachvollziehbar. Er spürte, dass die Situation angespannt war. Wir waren alle nervös, und er hatte sicher auch Angst«, sagt Holger. Schon wenig später entspannte sich die Lage.

Im Laufe der vorsichtigen Annäherung aneinander gab es später noch eine schwierige Situation, weil Jan bei einem Besuch von Thomas und Holger nicht ins Auto einsteigen wollte. Der Kleine war es gewohnt, mit dem Kleinbus gefahren zu werden. Ein Trick funktionierte schließlich: Jan gab Holger und Thomas zwei Kuscheltiere mit, die angeschnallt auf dem Kindersitz mit zu den beiden Männern nach Hause fuhren. Beim nächsten Treffen »erzählten« die Kuscheltiere, was sie auf der Reise erlebt hatten. Der Bann war gebrochen. Die Brückenbauer, ein Hase und eine Schildkröte, sitzen bis heute im Familienauto.

Als Jan zu Holger und Thomas kam, konnte er kaum sprechen. »Das tut mir immer noch weh, das zu sehen«, sagt Thomas. Aber er und sein Partner registrierten auch sehr schnell, dass Jan ein neugieriges Kind ist und eigentlich sehr gern spricht und singt. »Er erzählt von morgens bis abends. Wer ihn nicht kennt, versteht ihn oft nicht, aber das entmutigt ihn nicht. Er wiederholt alles und sucht nach neuen Worten«, sagt Holger. Für die Eltern ist es wichtig, Jans Mitteilungsbedürfnis, seine Fragen und Kommentare zu erwidern, ständig im Gespräch mit dem Kind zu sein, von morgens bis abends.

Vor zwei Wochen kam Jan in den evangelischen Kindergarten. Er liegt um die Ecke, das war dem Väter-Paar wichtig. Jan sollte nicht schon wieder mit dem Auto von einem Ende der Stadt ans andere gefahren werden, wo er nichts und niemanden kennt. Ihr Pflegekind sollte lernen: Das ist mein Zuhause, meine Straße, mein Kindergarten – nah bei Papi und Papa, wie er die beiden jetzt nennt. Mit der Leitung des Kindergartens sprach das Paar über seine Situation und stieß auf offene Türen. »Unser Eindruck ist, dass die Einrichtung das als Teil einer sehr vielfältigen Familienstruktur sieht.«

Die beiden hatten Jan auch beim katholischen Kindergarten angemeldet, der jedoch weiter weg war. »Die haben ja bei der Anmeldung gesehen, dass wir eine Regenbogenfamilie sind – aber das war ganz offensichtlich kein Problem, auch wenn die katholische Kirche offiziell ganz anders über Homosexualität urteilt«, resümiert Holger. Er beobachtet, dass der Alltag für Regenbogenfamilien deutlich entspannter ist als die politische oder innerkirchliche Debatte über diese Familienform.

Fürchten sie nicht, dass Jan oder sie selbst diskriminiert werden? Gibt es ein Stigma? Thomas schüttelt den Kopf: »Indem wir selbstbewusst auftreten, helfen wir auch ihm. Das kann später sogar ein Vorteil sein, weil Jan Anfeindungen, welcher Art auch immer, vielleicht besser parieren kann als andere Gleichaltrige.«

Jan sieht seine Mutter alle vier Wochen für 90 Minuten in den Räumen des Jugendamts. »Es ist für ihn sehr wichtig, zu wissen, dass er eine Mutter hat«, sagt Holger. Im Kindergarten beobachtet Jan meistens Frauen, die ihre Kinder abholen. Er wird von zwei Vätern abgeholt, aber kann trotzdem selbstbewusst sagen, dass er eine Mutter hat. Das hilft, auch wenn er zurzeit noch nicht reflektieren kann, warum die Mutter nicht auch bei ihm wohnt.

Heute ist »Umgangstermin«, wie es im Amtsdeutsch heißt. Das heißt, dass Thomas den Kleinen später zum Jugendamt bringen wird, damit er seine Mutter dort treffen kann. Jan freut sich darauf, und Thomas freut sich für Jan – aber man merkt ihm an, dass es ihn auch anstrengt. Im Hinterkopf ist immer die Sorge, dass der Junge vielleicht irgendwann wieder wegmuss. Diese Angst lässt Thomas und Holger nicht los, manchmal lähmt sie die beiden auch. Zum Vorteil des Kindes ist das nicht, aber Jans Recht, die leibliche Mutter zu sehen, und ihr Recht wiederum, das eigene Kind nicht ganz zu verlieren, wiegen schwer in einem Staat, der fast alles dafür tut, damit Kinder in ihren Herkunftsfamilien bleiben können. Die Erinnerung an die NS-Zeit, als der Staat den Familien ihre Kinder einfach wegnehmen konnte, wenn sie dem »arischen Ideal« nicht entsprachen, wirkt bis heute nach.

Thomas und Holger wissen und akzeptieren das – und dennoch belastet es die kleine Familie. Es ist eine absurde Situation: Beide möchten, dass ihr Pflegesohn Kontakt zu seiner Mutter hat. Gleichzeitig müssen sie befürchten, dass das Familiengericht die Mutter wieder als »erziehungsfähig« einstuft. Dann müsste Jan die beiden verlassen. Aus seiner beruflichen Perspektive als Sozialarbeiter müsste sich Thomas darüber freuen. Als Vater wäre genau das eine emotionale Katastrophe.

Thomas und Holger kennen eine andere Pflegefamilie, da traf nicht das Jugendamt die Entscheidung, sondern das Kind selbst. Der Pflegesohn zog in der Pubertät zurück zur leiblichen Mutter. Der Wunsch, mit der ursprünglichen Familie zu leben, war so stark, dass er die sozialen Eltern »verließ«. Allerdings kehrte er nach einem Dreivierteljahr wieder zu ihnen zurück. »Das wäre natürlich sehr hart, wenn das bei uns auch so geschehen würde«, sagt Holger, »aber vermutlich brauchen manche Kinder diesen Schritt, diese Schleife zurück und wieder nach vorn – vielleicht auch, um die sozialen Eltern besser schätzen zu lernen.«

So gut das Jugendamt das schwule Paar auf die Pflegschaft vorbereitet hat, so verbesserungsbedürftig ist die Begleitung aus ihrer Sicht jetzt, da Jan nun bei ihnen lebt. Thomas kommt mehrfach darauf zu sprechen, weil es ihn umtreibt und er sich mehr Unterstützung wünscht. »Man lässt uns allein mit unseren Fragen«, kritisiert er. Vor allem beim Kontakt mit der Mutter vermisst er eine umsichtige und behutsame Begleitung. »Das ganze Modell ist immer noch fragil, auch wenn es aus Sicht des Jugendamts gut läuft«, sagt Thomas selbstkritisch.

Neulich waren sie mit Jan im Stadtteil unterwegs, zum ersten Mal alle drei mit dem Rad. Der Kleine sauste mit dem Laufrad in der Mitte und freute sich, dass auch die Väter über den Asphalt rollten und nicht hektisch hinter ihm herliefen wie sonst: »Auch Papi, auch Papa, auch Jan – ganze Familie«, krähte er. Thomas und Holger sind davon überzeugt, dass der Dreijährige jetzt zu Hause angekommen ist – und hoffen sehr, dass er bleiben darf.

Zwei Väter, vier Mütter und drei Töchter

Wären sie Mann und Frau, dann taugten sie als Vorzeigemodell für konservative Familienpolitiker. Axel (48) und Jürgen (47) Haase sind seit 27 Jahren ein Paar. Sie ziehen drei Kinder groß: Jasmin (3) und die Zwillinge Anna und Alisha (11 Monate). Jürgen verdient das Geld. Axel bleibt zu Hause bei den Töchtern und will das auch in den kommenden Jahren tun. Sehr klassisch. Für Mütter in Deutschland gilt das immer noch als normal, aber Axel muss seinem Umfeld ständig erklären, warum er Vollzeitvater ist. Neulich hat eine Bekannte deshalb zu ihm gesagt: »Du erkämpfst dir, so leben zu dürfen, wie wir Frauen kämpfen, nicht mehr leben zu müssen.«

Bei Familie Haase ist nicht nur die Rollenverteilung erklärungsbedürftig, sondern auch alles andere. Deshalb klopfen Axel Haase auch diejenigen nicht auf die Schulter, die Eltern in den ersten Lebensjahren an der Seite ihrer Kinder und nicht im Beruf sehen wollen. Axel und Jürgen bewegen sich mit ihrer komplizierten Familiengründung in einer rechtlichen Grauzone, denn eigentlich dürfte es ihre drei Mädchen gar nicht geben. Jasmin und die Zwillinge entstanden im Ausland durch künstliche Befruchtungen von Eizellenspenden, die von zwei Frauen für diesen Zweck gespendet wurden. Diese wurden dann in den Bauch von zwei Leihmüttern eingepflanzt. Nach der Geburt wurden sie ihren Vätern übergeben, wobei Axel jeweils der biologische Vater ist. Jasmin wurde in Indien geboren, die Zwillinge in Kalifornien, USA. Die drei Mädchen haben also gemeinsam zwei Väter, aber zwei unterschiedliche Mütterpaare – die beiden Leihmütter plus jene zwei Frauen, die ihre Eizellen gespendet haben.

In Deutschland verbietet das Embryonenschutzgesetz die Eizellenspende. Leihmutterschaft ist ebenfalls verboten und gilt als sittenwidrig. Ärzten, die hier eine künstliche Befruchtung von Frauen zum Zweck der Leihmutterschaft vornehmen, droht sogar eine Gefängnisstrafe. Zwar werden Paare, die Kinder im Ausland austragen lassen, selbst nicht belangt, aber es kann Probleme bei der Ausreise geben, wenn die deutschen Botschaften keine Reisepapiere für die Neugeborenen ausstellen.

Väterpaare wie Axel und Jürgen verstoßen gegen einen moralisch-ethischen Konsens in Deutschland, indem sie das Leihmutter-Verbot über Länder wie Indien, die Ukraine oder die USA umgehen. Axel Haase bezweifelt, dass es diesen Konsens überhaupt gibt, denn er bekommt nicht nur den Ärger der Behörden zu spüren, sondern erfährt auf der anderen Seite auch viel Zuspruch für seine Familie. Dennoch ist den meisten schwulen Vätern klar, dass sie in Deutschland eine rote Linie überschreiten, wenn sie Kinder über Leihmütter austragen lassen. Paare wie Axel und Jürgen Haase sind sehr selten – allerdings steigt ihre Zahl. Von den wenigen, die es bislang gibt, traut sich kaum eines, seine Geschichte publik zu machen. Axel und Jürgen Haase aus dem katholischen Neuss in Nordrhein-Westfalen habe sich für einen anderen Weg entschieden. Sie suchen die Öffentlichkeit nicht, aber wenn die Öffentlichkeit sie findet, dann reden sie Klartext und mit ihrem vollen Namen über die ungewöhnliche Entstehung ihrer Familie. Es ist wie ein Weckruf an die anderen: Seht her, hier sind wir – obwohl es uns nach deutschem Recht gar nicht geben dürfte!

Die älteste Tochter Jasmin ist seit 8:30 Uhr im Kindergarten, Anna macht ein Vormittags-Nickerchen im Wohnzimmer, und Alisha krabbelt munter über den Küchenboden. »Das war seit Langem die erste Nacht, in der wir durchschlafen konnten«, seufzt Axel und nimmt die Kleine auf den Arm. Während die älteste Tochter und Anna gut und gern in ihren eigenen Bettchen schlafen, drängt es Alisha häufig ins Elternbett, außerdem will sie nachts ein Fläschchen. »Sie muss irgendwo den Körperkontakt haben, dann schläft sie sofort wieder ein«, sagte Axel. Man merkt ihm an, dass ihm das nicht passt. Er würde viel lieber ohne Kinder schlafen. Ein klassischer Elternkonflikt. Nachgeben oder konsequent sein? »Da schlagen zwei Herzen in meiner Brust«, sagt Axel. Er ist rund um die Uhr mit den Kindern zusammen. Er kann nicht mal mehr allein aufs Klo gehen, seitdem die Zwillinge da sind. Daran hat er sich gewöhnt, aber schlafen will er künftig wieder allein. Die Familie arbeitet daran.

Der Vater vermutet, dass der letzte Urlaub den Schlafrhythmus der Kleinen durcheinandergebracht hat. Oder ein neuer Entwicklungsschub. Wer weiß das schon. In den USA haben Axel und Jürgen gerade die Mutter der Zwillinge besucht. Nicht diejenige, die sie ausgetragen hat, sondern die Biologiestudentin aus Los Angeles, die ihre Eizellen für die Schwangerschaft der Leihmutter gespendet hat, ohne dass die beiden Frauen sich jemals begegnet sind. Für ihre »Dienste« haben sie Geld von den Haases bekommen, viel Geld – vor allem für die Leihmutter. Rund 28.000 US-Dollar für neun Monate Schwangerschaft und Geburt. Axel betrachtet jedoch nicht die austragende Frau als eigentliche Mutter, sondern die Eizellenspenderin, weil nur sie die genetische Verbindung zu Alisha und Anna hat. Das deutsche Recht sieht das anders: Mutter eines Kindes ist diejenige, die es zur Welt bringt. So sagt es das Bürgerliche Gesetzbuch, mit dem Axel über Kreuz liegt.

Was bedeutet ihm der Kontakt zur genetischen Mutter? Seit der Geburt der Zwillinge haben die Eltern viele E-Mails und Fotos hin und her geschickt. Man komme gut miteinander zurecht, sagt Axel Haase. Aber es ist auch eine komplizierte Beziehung. »Es ist für uns ein schwieriger Balanceakt. Einerseits wollen wir sie mit im Boot haben. Andererseits ist sie ja nicht die soziale Mutter. Sie spielt keine Rolle im Leben der beiden.« Wäre das anders, wenn die genetische Mutter in Deutschland leben würde? »Ganz sicher«, sagt Axel – um gleich hinterherzuschieben, dass in der Distanz auch eine Chance liege. Es sei angstfreier, wenn die »Claims« abgesteckt seien. Würde die Eizellenspenderin um die Ecke wohnen, könnten da vielleicht ganz andere Bedürfnisse entstehen.

Axel Haase tut sich schwer damit, wenn er nach den Gefühlen oder Nicht-Gefühlen der Eizellenspenderinnen und Leihmütter gefragt wird. Und das wird er oft. »Ich möchte eigentlich nicht für sie sprechen. Das könnten nur sie selbst.«

Einem Reporter des Magazins der Süddeutschen Zeitung hat die Leihmutter von Anna und Alisha nach der Geburt der Zwillinge gesagt, sie verwende das Geld für die Ausbildung ihres Sohnes und sie finde es »ungerecht«, dass schwule Männer keine Kinder bekommen könnten. Ob sie eine Bindung zu den Zwillingen spürt? »Ich war mir vorher bewusst, dass es nicht meine Kinder sind. Ich vermisse sie nicht.« Schon wenige Monate später wird sie wieder schwanger werden – für ein anderes Paar.

Axel und Jürgen Haase wissen um die Vorbehalte gegenüber Eizellenspenden und Leihmutterschaft. Sie werden oft damit konfrontiert – weniger in ihrem Alltag als durch die Behörden. Beide Männer haben sehr lange darüber gegrübelt und diskutiert, ob der Weg über eine Leihmutterschaft vertretbar ist. Für sie. »Wir haben unsere Vorurteile nicht bestätigt gefunden«, sagt Axel heute. Welche Vorurteile? »Zum Beispiel, dass eine Frau nach einer Schwangerschaft eine enge Bindung an das Kind in ihrem Bauch hat.« Hat sie das etwa nicht? Neun Monate haben darauf keinen Einfluss? Axel glaubt das nicht – zumindest nicht für die Leihmütter, die wissen, dass sie ein Kind für andere austragen. Axel Haase findet, das sei eine typisch deutsche Frage einer deutschen Frau: »Frauen aus Deutschland argumentieren immer so wie Sie«, sagt er mir: »Ich habe ein Kind zur Welt gebracht, und ich könnte es niemals weggeben. Viele amerikanische Frauen sehen das aus einem anderen Blickwinkel. Das Empfinden scheint dort ganz anders zu sein. Man kann doch den Leihmüttern nicht per se unterstellen, dass sie ausgebeutet werden und nicht wissen, was sie tun.«

Die Zwillinge wissen noch nichts über ihre ungewöhnliche Entstehung. Doch Jasmin, die »Große«, beginnt, Fragen zu stellen und ihre ungewöhnliche Geschichte kennenzulernen. Sie weiß zum Beispiel, dass sie in Indien war. Warum, weiß sie noch nicht. »Irgendwann wird sie auch das versuchen, zu verstehen«, glaubt Axel Haase. Denn die Geschichte ist kompliziert. Jasmin hat mit ihrem Vater die ersten anderthalb Jahre nach ihrer Geburt in Indien verbringen müssen, weil das deutsche Konsulat (anders als zwei Jahre später bei Anna und Alisha in den USA) sie nicht ausreisen ließ. Leihmutterschaft sei verboten, sagten die Mitarbeiter und beriefen sich auf das deutsche Recht. Sie weigerten sich, einen »sittenwidrigen« Akt durch ihr Mitwirken zu legalisieren, und stellten keinen Pass für das Kind aus. Ohne dieses Dokument konnten Vater und Tochter nicht nach Deutschland.

Dann begann ein juristisches Tauziehen, das die Haases am Ende gewannen. Ein Berliner Gericht setzte schließlich die Ausreise durch. Aus der langen Wartezeit in Indien hat Axel Haase ein Fotoalbum, das er nach der Geburt Jasmins zusammengestellt hat. Es zeigt die erste Ultraschallaufnahme, Jasmin kurz nach der Geburt, Jasmin mit ihren Vätern, Jasmin lachend mit Kindern aus der Nachbarschaft. Ein Bild ihrer indischen Mutter gibt es darin nicht. Sie hat auch heute keinen Kontakt zu ihr.

»Jasmin bekommt schon sehr deutlich mit, welche eigene Geschichte sie hat«, sagt Axel Haase. Seine Tochter weiß, dass sie in Mumbai geboren ist. Bevor ihre Schwestern in den USA auf die Welt kamen, hat Jasmin die Leihmutter von Anna und Alisha kennengelernt. Sie hat gesehen, dass die Zwillinge im Bauch dieser Frau waren. Nach der Geburt reiste sie zusammen mit den Neugeborenen und ihren beiden Vätern zurück nach Deutschland. Jasmin werfe noch vieles durcheinander, sagt Axel Haase. Aber wenn sie nach ihrer Herkunft frage, bekomme sie auch Antworten. Sie weiß zum Beispiel, dass sie – wie alle Kinder – im Bauch einer Frau herangewachsen ist. Wenn Jasmin älter wird, soll sie mehr über ihre Entstehung erfahren. Anders als Anna und Alisha wird sie ihre genetische Mutter jedoch nicht kennenlernen können. Die Eizellenspende war anonym. Derzeit hat Axel Haase das alleinige Sorgerecht. Beide Väter warten jedoch darauf, dass die Behörden grünes Licht für die Stiefkindadoption geben, damit Jasmin auch ganz offiziell zwei Väter hat.

Bei den Zwillingen war die Sache etwas einfacher. Da sie in den USA geboren sind, haben beide die amerikanische und die deutsche Staatsbürgerschaft erhalten. Hier konnten Axel und Jürgen Haase bereits vorgeburtliche Abmachungen treffen, die auch von den deutschen Behörden anerkannt wurden. Beide haben mittlerweile das gemeinsame Sorgerecht für die Zwillinge. Was jetzt noch fehlt, ist eine in Deutschland ausgestellte Geburtsurkunde, die sich das schwule Paar gerade gerichtlich erkämpft. Axel Haase rechnet mit einem Erfolg: »Dann wären Anna und Alisha die ersten Kinder in Deutschland, die eine deutsche Geburtsurkunde haben, in der keine Mutter, sondern zwei Väter eingetragen sind.«

Jasmins kleine Schwester Alisha müsste jetzt längst schlafen. Sie ist hundemüde und quengelt. Am Küchentisch dreht sie den Pfefferstreuer auseinander und krabbelt auf Papas Schoß. Irgendwann schläft sie an seiner Schulter ein. Axel Haase legt sie vorsichtig zurück ins Bettchen.

Bevor sie an eine Leihmutterschaft dachten, hatten die Haases lange versucht, ein Kind im Ausland zu adoptieren. Viermal war Axel Haase auf eigene Faust im afrikanischen Ruanda gewesen, zuletzt vier Monate lang – in der naiven Hoffnung, ein Waisenkind adoptieren zu können. »Als offen schwuler Mensch in Afrika ein Kind zu adoptieren – das war leider nicht durchsetzbar.« Zwar sagte nie jemand offiziell »Ja« oder »Nein«. Doch als dieser Schwebezustand zwei Jahre anhielt, verabschiedeten sich die beiden Männer von der Adoptionsidee. Die Kinder, die Axel im Waisenhaus in Ruanda kennengelernt hat, sind jedoch noch immer in seinem Kopf. »Ich bin mir sicher, dass ich ein adoptiertes Kind genauso geliebt hätte, wie ich jetzt meine leiblichen Töchter liebe.« Eine Pflegschaft als Alternative kam für Axel dennoch nicht infrage. Die Vorbehalte der Ämter seien zu groß gewesen, sagt er, obwohl er und sein Mann sich nie offiziell um eine Pflegschaft beworben hatten. Sie seien abgeschreckt gewesen von den Versuchen, in Deutschland ein Kind zu adoptieren. »Das war und ist fast aussichtslos«, sagt Axel. Es gibt sehr viel weniger Adoptivkinder als adoptionswillige Paare in Deutschland – die meisten heterosexuell.

Während andere schwule Paare ihren Kinderwunsch gemeinsam mit lesbischen Frauen umsetzen, blieb Axel und Jürgen diese Idee sehr fremd. »So, wie ich mit den Lesben hier im Rheinland sozialisiert worden bin, war das keine Option«, sagt Axel. Er erinnert sich an das Café Rosa. Eigentlich ein Treffpunkt für Lesben *und* Schwule. Aber die Frauen gingen hin und zeichneten einen Strich mit Kreide zwischen die Männer und Frauen. »Wir durften da nicht mehr rübertanzen. Ziemlich bescheuert war das in den 1980er-Jahren. Da kommt man nicht auf die Idee, gemeinsam mit Lesben Kinder in die Welt zu setzen«, erinnert sich Axel und muss lachen. Heute ist das anders, aber den Übergang von der lesbisch-schwulen Abgrenzung zur Gemeinsamkeit hat er verpasst.

Neulich war Axel mit seiner ältesten Tochter Jasmin zu einem Kindergeburtstag eingeladen. Die meisten Mütter sprachen Arabisch, trugen Kopftücher. Mittendrin der schwule Vater, nicht gerade ein Anhänger verschleierter Frauen. Die Mütter waren neugierig, wollten wissen, wie es sich lebt als Mann mit drei Töchtern. Hinterher fragte Axel sich, warum eigentlich immer er seine Familiengeschichte erzählen muss – und nicht die anderen. Andererseits kann er jetzt gut nachvollziehen, wie sich Migranten fühlen, wenn sie als Minderheit der Mehrheitsgesellschaft permanent erklären sollen, warum sie so sind, wie sie sind, und nicht anders. Irgendwann haben sie einfach keine Lust mehr dazu – und schweigen.

Das würde Axel Haase auch gern tun. Aber derzeit sieht es eher danach aus, als ob er noch sehr viel reden und erklären müsste. Weitere von ihm befruchtete Eizellen lagern in den USA. Axel Haase möchte auf dem Gerichtsweg erreichen, dass einer oder mehrere dieser Embryonen in Deutschland ausgetragen werden dürfen. »Der deutsche Staat soll mir dabei helfen, diese Embryonen dem Leben zuzuführen«, formuliert Haase etwas verquer. Es ist unklar, ob er sich bewusst ist, dabei gegen Windmühlen zu kämpfen, oder ob er tatsächlich an einen Sieg Don Quijotes glaubt. Er denke nicht daran, die Embryonen töten zu lassen.

Und warum das alles? Nach all dem Aufwand, dem Geld, der Zeit und der Auseinandersetzungen mit den Behörden und der Frage, ob es den Kindern dabei gut geht. Wofür?

Axel Haase ist katholisch erzogen worden. Er wollte schon immer Kinder haben – anders als zunächst sein Partner. »Das war der zentrale Punkt bei meinem Coming-out«, erzählt Axel Haase rückblickend. Der Wunsch nach Kindern und das Leben mit Frau und Familie stand auf der einen Seite, auf der anderen eine erfüllte Sexualität als schwuler Mann. »Damals habe ich mich klar gegen Frau und Kind entschieden. Aber damit war der Kinderwunsch ja nicht weg.«

Der blieb, und zwar so stark, dass er für Axel Haase mittlerweile zu einer Mission geworden ist, die er gegen alle Widerstände zu Ende bringen will. Neulich hat er einen langen Brief an den Kölner Kardinal Meisner geschrieben, den Verfechter für den Schutz des ungeborenen Lebens. Überzeugen konnte er ihn nicht. Obwohl er wieder einmal sehr viel erklärt hat.

Die Frauenfamilie

Birgit (49) und Melanie (38) Spors würden sich wundern über Menschen, die sich über sie wundern. Aber bislang sind sie denen noch nie begegnet. Ihre Familie lebt in einem der bevorzugten Wohnbezirke im großstädtischen Frankfurt. Hier fragt der Nachbar von nebenan gleich, wen man denn suche, und weist den Weg. Man kennt sich. Als das lesbische Paar mit seinen zwei Töchtern die große Altbauwohnung mit Dielenboden im Norden der Stadt zum ersten Mal besichtigte, sagte die Maklerin: »Familien wie euch muss man fördern.« Wenig später zogen die Spors ein.

»Es erstaunt mich immer sehr, wenn ich höre, dass Regenbogenfamilien diskriminiert werden. Das haben wir nie erlebt, zu keinem Zeitpunkt«, sagt Melanie Spors. Ihre Frau sieht das ähnlich, allerdings erinnert sie sich auch an andere Zeiten. Als sie 1996 mit ihrer damaligen Freundin aus Berlin nach Frankfurt kam, waren die Makler noch nicht so aufgeschlossen. »Ich will keinen Stress mit dem Vermieter haben. Der hat nämlich keine Lust auf Paare wie Sie«, ließ ein Wohnungsvermittler sie abblitzen. »Verglichen mit Berlin war das hier für mich ein Kulturschock. Aber heute ist das ganz anders«, sagt Birgit. Natürlich wollten viele wissen, wie sie das mit den Kindern denn eigentlich gemacht haben, ganz praktisch. »Die Leute sind halt neugierig, aber nicht ablehnend.«

Es ist früher Abend. Melanie, die Produktmanagerin, hat die Mädchen nach der Arbeit wie immer vom Kindergarten und von der Schule abgeholt. Birgit ist Marketingleiterin bei einer Bank. Sie bringt die Kinder morgens weg und kommt meistens nicht vor 18 Uhr nach Hause. Luzie (6) und Lotta (4) spielen oben. Andere Kinder lümmeln um diese Zeit vor dem Fernseher. Bei den Spors gibt es das nur am Wochenende. Während ihre Mütter über die Entstehung ihrer Familie sprechen, schauen Luzie und Lotta immer mal wieder vorbei, schnappen Begriffe wie »Samenspende«, »Vaterbezug« und »Rollenverhalten« auf. Es irritiert sie offenbar nicht, denn sie haben das schon häufig gehört.

Konkrete Fragen habe es von den Mädchen bislang noch keine gegeben, sagen Birgit und Melanie. Es wundert sie selbst, zumal sie weder zu Hause noch in der Öffentlichkeit ein Geheimnis aus der Entstehung ihrer Kinder machen. Bei der Anmeldung zum Kindergarten haben sie auf dem Fragebogen das Wort »Vater« einfach durchgestrichen und durch »Mutter« ersetzt. Beim Elternabend sind sie die Ersten, die sich als Frauenpaar den anderen vorstellen. Alle wissen Bescheid, auch die Freunde der Kinder. Im Kindergarten haben ein paar Mädchen und Jungen aus Luzies Gruppe Birgit einmal gefragt, ob sie denn der Papa in der Familie sei. Birgit hat geschmunzelt: »Nicht ganz, Luzie hat zwei Mütter.« Weitere Fragen kamen nicht. Nur neulich hat ein Mädchen gesagt, sie hätte auch gern mal zwei Mütter.

Vater unerwünscht

Birgit und Melanie machen auch kein Geheimnis daraus, dass ein Vater in dieser Frauenfamilie nicht erwünscht ist. Es sei denn, Luzie und Lotta suchen ihn, wenn sie volljährig sind. Erst dann könnten sie bei der Klinik, die bei der Zeugung geholfen hat, den Namen des Samenspenders erfahren.

Birgit und Melanie Spors haben sich vor zehn Jahren im Job kennengelernt. Birgit war Melanies Chefin, und für Melanie war diese Beziehung das Coming-out als Lesbe. »Wir wollten beide Kinder. Aber Birgit wollte sie nicht selbst bekommen – auch weil ich deutlich jünger bin«, erzählt Melanie. Eine deutsche Klinik übernahm die heterologe Insemination, obwohl die meisten Gynäkologen und Kliniken in Deutschland dies bei gleichgeschlechtlichen Paaren aus rechtlichen Gründen ablehnen. Die Bundesärztekammer rät ihren Mitgliedern dazu, damit sie in einem möglichen späteren Rechtsstreit keine Unterhaltsansprüche für das gezeugte Kind zahlen müssen.

So sonnenklar wie der Kinderwunsch und seine Verwirklichung war auch die Position des Frauenpaares zu jenem Dritten, ohne den ihre Wunschfamilie nicht hätte entstehen können. »Es war von Anfang an klar, dass wir keinen Vater haben wollen, der involviert ist. Wir wollten einen Samenspender und eine abgeschlossene Familie«, sagt Melanie.

»Abgeschlossen« heißt in diesem Fall, allein in allen Fragen der Erziehung entscheiden zu dürfen. Und vor allem, Birgits Position als nicht leibliche Mutter auf keinen Fall durch einen biologischen Vater zu gefährden. »Klare Verhältnisse«, nennen die Mütter das. Vor allem Birgit redet Klartext und sagt ganz offen, dass dabei »durchaus egoistische Motive« eine Rolle gespielt haben: »Ich will meine Kinder nicht mit einem Dritten teilen. Ich will nicht um meine Rolle kämpfen müssen. Wenn ich nur daran denke, bin ich schon gestresst.«

Denkt sie nie darüber nach, dass ein Dritter Teil der Familiengründung war? »Sehr selten. Ich denke vielleicht dreimal im Jahr daran, dass die Kinder einen Samenspender hatten. Das ist nicht präsent in meinem Leben. Es beschäftigt mich nicht.«

Manchmal ärgert Birgit und Melanie die Debatte um Regenbogenkinder, die ohne Vater aufwachsen. »Wir werden oft danach gefragt und sprechen völlig offen über die Art und Weise der Zeugung«, sagt Birgit. Heterosexuelle Paare, die mithilfe einer fremden Samenspende Kinder bekämen, seien in der Regel sehr viel verschwiegener. Die Tatsache, dass ein anderer der Vater sei, empfänden viele Männer als Stigma – und verheimlichten das, sagt Birgit: »Darüber wird fast nie öffentlich geredet.«

Durch ihren Bekanntenkreis fühlen sich die Frauen in ihrer Entscheidung bestätigt, die Töchter ohne Vater großzuziehen. Sie berichten von anderen Regebogenfamilien mit Vaterbezug, die sich häufig streiten – zum Beispiel über Unterhaltszahlungen, Umgangsrechte oder um die simple

Frage, ob und wann der Nachwuchs geimpft wird. Für die betroffenen Kinder, davon sind Birgit und Melanie überzeugt, sei das Stress – anders als bei ihnen.

Und Luzie und Lotta? Sie denken vorerst ebenfalls nicht über den »Dritten« nach, weil ihre Mütter das so entschieden haben. Allerdings möchten Birgit und Melanie den Töchtern ihren Ursprung nicht komplett vorenthalten. Wenn die beiden mit 18 sagen, sie möchten die Adresse des Spenders, dann werden sie diese von der Klinik bekommen. Birgit nennt das jedoch einen »Ernstfall« oder eine »Not-Tür«, die sie nur ungern öffnen möchte. »Dann hätten die beiden eine Begegnung mit dem Samenspender, der aber selbst vielleicht überhaupt keine Lust auf ein Treffen mit ihnen hat. Was dann?«, fragt Birgit. Man merkt ihr an, dass sie diese Begegnung am liebsten vermeiden möchte und viel dafür tun wird, dass es dazu nicht kommt. »Ich sehe die Gefahr, dass die Kinder danach frustriert sind«, sagt sie.

Wenn die Kinder sich später doch anders entscheiden sollten, werden Birgit und Melanie ihren Weg akzeptieren. Das haben sie so besprochen. Es würde sicher nicht nur ein Abenteuer mit ungewissem Ausgang für die Kinder, sondern auch für die Mütter. Vor allem für Birgit: »Für mich wäre das wohl noch schwerer als für Melanie, weil ich nicht die leibliche Mutter bin.«

»Lieber eine normale Mama«

»Ich bin der Sohn einer lesbischen Mama. Ich finde das doof. Ich hätte viel lieber eine normale Mama. Die Lesben sind cool, sagt meine Mama. Was ich hasse, ist, wenn sie mit einer anderen Frau nach Hause kommt. Ich habe dann immer Angst, dass mein Freund mich besuchen will.

Ich musste gerade eine Hausarbeit über meine Familie schreiben. Praktisch war, dass ich nur die Hälfte machen musste, weil ich nicht weiß, wer mein Papa ist. Doof war, dass mich die Lehrerin fragte, warum ich nicht über ihn geschrieben habe. Ich kenne den Mann nicht, der meiner Mama seinen Samen gespendet hat.

Ich finde das ganz okay und denke, dass es etwas Besonderes ist, dass ich nur eine Mama habe. Ich kenne ein anderes Kind von diesem Mann, der seinen Samen gespendet hat. Manchmal weiß ich nicht, was ich sagen soll, wenn mich einer fragt, ob ich Geschwister habe.

Eigentlich ist das Mädchen meine Halbschwester, und manchmal machen wir auch etwas zusammen. Wir streiten uns auch, aber es macht Spaß, großer Bruder zu sein.

Früher war es schwierig, wenn jemand gefragt hat, was mit meinem Vater ist. Heute kann ich es erklären. Mein bester Freund weiß auch nicht, wer sein Vater ist.

Wenn ich keine Lust habe, zu erklären, warum ich keinen Vater habe, dann schicke ich die Leute zu meinem Freund. Er macht das umgekehrt auch manchmal so. Meine Freunde dürfen nicht wissen, dass meine Mama lesbisch ist. Bei uns in der Schule beschimpfen sich die Kinder mit den Wörtern »schwul« und »lesbisch«. Also wäre es mir peinlich, wenn es einer wüsste. Ich selbst habe eigentlich nichts gegen Lesben. Die, die ich kenne, sind ganz in Ordnung.

Ich sage meiner Mama immer, dass sie nicht über Lesben reden soll, wenn meine Freunde kommen. Ich habe auch keine Lust, auf Wanderungen zu gehen mit anderen Lesben und ihren Kindern oder zum CSD. Mir wäre es egal, wenn mir einer meiner Freunde sagen würde, dass er schwul ist, aber ich selbst bin lieber nicht schwul.«

(Tom Kaul wurde vor 14 Jahren in Jerusalem geboren, Quelle: taz vom 7.7.2013)

Ansichten eines Regenbogen-Großvaters

»Meine Tochter hat uns mit 15 Jahren erklärt, dass sie lesbisch ist. Wir hatten davon gar nichts bemerkt. Damals haben wir als Eltern noch nicht an mögliche Enkelkinder gedacht, das spielte in unserer Wahrnehmung keine Rolle. Das kam erst später. Die Familiengründung meiner Tochter hat uns dann sehr berührt. Jetzt erlebe ich unmittelbar in der eigenen Familie, wie Kinder in heterosexuellen und homosexuellen Partnerschaften aufwachsen – wenn auch oft nur aus der Ferne: Die Kinder meines Sohnes werden in einer klassischen Papa-Mama-Familie groß. Meine Tochter hat mit ihrer Partnerin, mit der sie seit 20 Jahren zusammenlebt, ebenfalls zwei Kinder bekommen mithilfe einer anonymen Samenspende. Ihre Familie lebt in Dänemark. Unterschiede in der Entwicklung meiner Enkelkinder sehe ich überhaupt nicht. Wir haben uns als Eltern bei allen beiden Kindern sehr gefreut und lieben unsere Enkel. Nur bei einer Sache habe ich eine große innere Unruhe. Ich frage mich, wie die Kinder meiner lesbischen Tochter später einmal damit umgehen, dass sie ihren leiblichen Vater niemals kennenlernen werden. Eines Tages werden sie sicher versuchen, das herauszufinden.«

Bloß nicht scheitern!

Wenn Familien scheitern, dann bleibt ein Scherbenhaufen zurück. Er kann, wenn alle Beteiligten kooperieren, wieder zu etwas Neuem und Haltbarem zusammengesetzt werden. Die zunehmende Zahl der Patchworkfamilien in Deutschland ist ein Ergebnis dieses Prozesses, der mal mehr, mal weniger gut gelingt. Einige Familien- und Kindheitsexperten sowie Psychologen versuchen, diesen Zweit-Dritt- oder Viertfamilien das schlechte Image zu nehmen. Sie sprechen deshalb von »glücklichen Trennungskindern« oder machen sogar »Mut zur Trennung«. Richtig daran ist, dass Kinder nach einer gescheiterten Beziehung neue und stabile Lebensverhältnisse brauchen und auch in diesen gut und sicher gebunden aufwachsen können, wenn die Erwachsenen die Trennung im Sinne der Kinder gestalten. Dennoch ist es ein typischer Erwachsenen-Euphemismus, den Zerfall der Ursprungsfamilie (sofern sie keine Hölle von Gewalt und Missbrauch gewesen ist) positiv umzudeuten, um das Scheitern nachträglich mit dem Kindeswohl zu versöhnen. Ehrlicher wäre es, einzuräumen, dass Trennungserfahrungen zu den negativsten Erlebnissen zählen, die Kinder in ihrer Entwicklung bewältigen müssen.

»Alles heile Welt«

Es gibt bislang keine Erkenntnisse darüber, ob Regenbogenfamilien häufiger oder seltener zerbrechen als andere. Aber
warum sollte das so sein? Aller Voraussicht nach scheitern
oder reüssieren Regenbogenfamilien mit ebenso großer
Wahrscheinlichkeit wie andere Familienkonstellationen. Allerdings ist bei gleichgeschlechtlichen Eltern der Druck größer, genau das nicht geschehen zu lassen. Während das Scheitern einer traditionellen Familie vom Umfeld in der Regel als
individuelles »Versagen« der jeweiligen Partner betrachtet
wird, ohne dass damit die Familienform als solche infrage
steht, passiert beim Auseinanderbrechen einer Regenbogenfamilie genau das. Sie verlieren ihren Vorbildcharakter. Steffi
(25), die noch keine Regenbogenfamilie gegründet hat, sich
aber später eigene Kinder wünscht, macht das Sorge:

> *»In den Büchern zum Thema Regenbogenfamilien
> werden die Konflikte, die es geben kann, meistens aus-
> geblendet. Da ist alles heile Welt. Manchmal entsteht
> dadurch auch Druck, so als dürften Regenbogenfami-
> lien von vornherein nicht scheitern. Dabei ist eine
> Familie immer ein Experiment. In heteronormativen
> Familien geht auch ständig etwas schief, und die Eltern
> trennen sich. Darüber regt sich niemand besonders auf,
> aber wenn eine Regenbogenfamilie scheitert, dann war
> das natürlich klar: Das kann ja gar nicht gut gehen, so
> etwas Komisches.«*

Es ist möglich, dass gleichgeschlechtliche Paare aufgrund
des Drucks von außen und des selbstgesetzten Ziels, als Fa-

milie nicht zu scheitern, länger zusammenbleiben als heterosexuelle Eltern. So, wie traditionelle Ehepaare sich früher sozialen Normvorstellungen unterwarfen, um dem Stigma der geschiedenen Frau oder des geschiedenen Mannes zu entgehen, könnten Regenbogeneltern sich ähnlich kontrolliert fühlen und sich entsprechend verhalten. Der homosexuelle evangelische Pfarrer Nulf Schade-James schildert die besondere Lage der Regenbogenfamilien so:

> »*Sie fühlen sich viel mehr beobachtet als andere. Deshalb tun Regenbogenfamilien vielleicht unbewusst alles dafür, immer alles gut und richtig zu machen. Sie fördern ihre Kinder, wo es nur geht. Ich kenne dieses Gefühl sehr gut. Meine Mutter hat mir nach meinem Coming-out gesagt: ›Du musst immer ein bisschen besser sein als die anderen.‹ Diesen Druck wurde ich selbst lange Zeit nicht los. Ich dachte: ›Du bist schwul und hast nur eine Chancen, wenn du besser bist als die anderen.‹*«

Ausblick: Familie – quo vadis?

Sind Schwule und Lesben deshalb die besseren Eltern? Weil sie als Minderheit mit Rechtfertigungsdruck gegenüber ihrer Umwelt mehr aushalten, möglicherweise länger zusammenbleiben und ihre Kinder besonders bewusst erziehen? Oder führt der Druck, nicht scheitern zu dürfen, erst recht zu Konflikten und zu einer perfektionierten Projektkind-Erziehung, wie wir sie auch aus traditionellen Familien kennen? Eine Antwort darauf wird sich wohl erst finden lassen, wenn Regenbogenfamilien ihren Exotenstatus verlieren und von der Gesellschaft als eine Familienform unter vielen akzeptiert werden. Aus diesem unaufgeregten Blickwinkel wird sich zeigen, dass es neben nicht wegzudiskutierenden Unterschieden zwischen homosexuellen und heterosexuellen Eltern sehr viele Gemeinsamkeiten gibt. Das Großziehen von Kindern ist immer ein Experiment mit ungewissem Ausgang. Wer sich ihm stellt, geht ein Abenteuer ein. Es gibt keine Garantie auf eine glückliche Kindheit mit perfekten Eltern. Aber es gibt Rahmenbedingungen, unter denen das Experiment mit höherer beziehungsweise geringerer Wahrscheinlichkeit gelingt. Die größte Herausforderung in einer immer komplexer werdenden Umwelt, Beziehungs- und Arbeitswelt mit enormen Flexibilitäts-Ansprüchen ist es, Kindern Stabilität und Kontinuität zu bieten. Diese Aufgabe stellt sich völlig unabhängig von der sexuellen Orientierung der Väter und Mütter.

Die World-Vision-Studie 2013, bei der Mädchen und Jungen in Deutschland nach ihren Lebenswelten befragt wurden, liefert einen wichtigen Hinweis darauf, um welche Gruppe von Kindern wir uns tatsächlich große Sorgen machen müssen: Ein Fünftel der befragten 6- bis 11-Jährigen bezeichnen die Forscher als »abgehängt«. Diese Kinder sind von Armut betroffen, sie fühlen sich selbst nicht wertgeschätzt und ernst genommen. Ihre Erwartungen an die Zukunft sind negativ, obwohl diese gerade erst begonnen hat. Hier liegt die eigentliche Herausforderung einer reichen und demokratischen Gesellschaft, in der die Lebensrealität zwischen privilegierten und benachteiligten Kindern immer weiter auseinanderdriftet.

Nach allem, was wir bislang über Regenbogenfamilien wissen, gehören ihre Kinder nicht zu jenem »abgehängten« Fünftel. Gleichgeschlechtliche Paare gelten als engagierte Eltern, und ihre Kinder sind in der Regel Wunschkinder. Es gibt also keinen Grund, sie mit Argusaugen zu betrachten. Allerdings wird es gerade für die neue Generation von Regenbogenkindern, die das Vater-Mutter-Modell nicht kennenlernen, eine bedeutende Rolle spielen, wie offen ihre Eltern mit der Frage der Herkunft umgehen und welche Rollenvorbilder sie bei der Entwicklung ihrer Identität unterstützen. Jedes Kind hat ein Recht darauf, seine Wurzeln zu kennen. Die Reproduktionsmedizin, die von homosexuellen wie heterosexuellen Paaren gleichermaßen genutzt wird, erfüllt diesen Familien deshalb nicht nur einen lang gehegten Kinderwunsch, sondern bürdet ihnen auch die Verantwortung auf, sorgsam mit den Rechten ihrer Kinder umzugehen. Dazu gehört die Möglichkeit, Kontakt zu seinen leiblichen Eltern aufzunehmen. Personen wie Samenspender, die Teil der Entstehungsgeschichte des Kindes sind, sollten nicht aus einem elterlichen Egoismus heraus kategorisch ausgeblendet werden. Diese Entscheidung gebührt den Kindern, nicht den Eltern. Deshalb ist es gut, dass der Gesetzgeber in Deutschland der Reproduktionsmedizin Vorgaben macht und Grenzen setzt – bei Samenspende, Leihmutterschaft und Eizellenspende. Nicht alles, was medizinisch machbar ist und Eltern glücklich macht, dient auch automatisch dem Wohl des Kindes.

Die Sorge, dass die neue, bunte Regenbogen-Vielfalt die klassische Ehe und Familie verdrängt, ist unbegründet. Der Großteil der Mädchen und Jungen wird weiterhin mit Vater und Mutter aufwachsen, denn Regenbogenkinder sind kein Massenphänomen. Doch unabhängig davon werden Wahlverwandtschaften auch in den heterosexuellen Familien weiter zunehmen und in Folge auch eine weitere Entkopplung von biologischer und sozialer Elternschaft. Wenn diese Wahlfamilien nicht im Sinne der Multioptionsgesellschaft verstanden werden, in der je nach Bedarf der Erwachsenen alles mit allem kombiniert werden kann, ist das nicht das Ende der Familie, sondern kann sogar zu ihrer Renaissance führen. Vorausgesetzt, die Bedürfnisse der Kinder stehen im Vordergrund – und nicht narzisstische Elterninteressen.

Anmerkungen

Einleitung

1   Familien in Baden-Württemberg, Gleichgeschlechtliche Lebensgemeinschaften und Familien, Report 02/2013
2   Statistisches Bundesamt, Mikrozensus 2012

Wo beginnt der Regenbogen

1   Baker, Josephine (Text); Piet Worm (Ill.): Die Regenbogen-Kinder. Ein Buch von Piet Worm. Text von Josephine Baker unter Mitwirkung von Jo Bouillon, deutsche Erstausgabe um 1957, Emmerich, Mulder Verlag

Das gleichgeschlechtliche Paar

1   SZ-Magazin, Heft 24/2013
2   Koordinierungsstelle für gleichgeschlechtliche Lebensweisen
3   Marina Rupp (Hrsg.), Partnerschaft und Elternschaft bei gleichgeschlechtlichen Paaren. Verbreitung, Institutionalisierung und Alltagsgestaltung, Zeitschrift für Familien-

forschung, Sonderheft 7, Barbara Budrich, Opladen & Farmington Hills 2011

4   Rupp, Partnerschaft und Elternschaft, S. 30

5   Bundesinstitut für Bevölkerungsforschung, Familienleitbilder, Vorstellungen. Meinungen. Erwartungen, Wiesbaden 2013

6   Lesbische und schwule Familien. Ergebnisse einer Befragung unter Lesben und Schwulen in NRW, Lespress, Bonn, 1998

7   Rupp, Partnerschaft und Elternschaft, S. 33

8   http://www.bpb.de/gesellschaft/gender/homosexualitaet/38886/regenbogenfamilien?p=all

9   Nina Dethloff, Rechtliche Rahmenbedingungen für Regenbogenfamilien in Europa, in: Rupp, Partnerschaft und Elternschaft, S. 45

10 Julia Smirnova, Die Angst der Frauen vor dem langen Arm des Staates, Die Welt, 11.07.2013

11 European Union Agency For Fundamental Rights, EU LGBT survey – European Union lesbian, gay, bisexual and transgender survey – Results at a glance, May 2013

12 Interview mit Marina Rupp, »Wenn die Umwelt die Familien gut aufnimmt, entwickeln sie sich gut«, Die Zeit, 13.06.2013

13 Sylviane Agacinski, Deux mères = un père?, Le Monde, 03.02.2013

14 Monette Vacquin, Jean-Pierre Winter, Non à un monde sans sexes. L'enfant a droit à père et mère, Le Monde, 05.12.2012

15 Gunnar Andersson, Turid Noack, Legal advances and demographic developments of same-sex unions in Scandinavia, in: Rupp, Partnerschaft und Elternschaft, S. 97

16   K. Krivickas, D. Lofquist, Demographics of Same-Sex Couple Households with Children, U.S. Census Bureau, 2013

Auf Umwegen zum Kind

1   Regenbogenfamilien mit Pflegekindern sind dennoch selten. Bei der Bamberger Studie lag der Anteil der Pflegefamilien lediglich bei sechs Prozent, wobei der Anteil der Männerpaare im Vergleich zur Gesamtstichprobe deutlich höher ist. (Rupp, Die Lebenssituation von Kindern, 2009)

2   Petra Thorn, Reproduktives Reisen, hrsg. von Pro Familia, Frankfurt am Main, 2008

3   etwa u. a., Surrogacy: the experiences of surrogate mothers, Oxford Journals, Human Reproduction, 2004 Weiterführende Literatur: Zara Griswold: Surrogacy Was the Way: Twenty Intended Mothers Tell Their Stories. Nightingale Media, 2006 Rachel Cook, Shelley Day Sclater, Felicity Kaganas, Surrogate motherhood, international perspectives. Oxford-Portland, Oregon: Hart Publishing 2003

4   Susan Golombok u. a., Families created through surrogacy: Mother–child relationships and children's psychological adjustment at age 7, Developmental Psychology, Vol. 47(6), Nov 2011

5   Petra Thorn, Reproduktives Reisen, hrsg. von Pro Familia, Frankfurt am Main, 2008

6   Gerhard Amendt, Kultur, Kindeswohl und homosexuelle Fortpflanzung, in: Leviathan – Zeitschrift für Sozialwissenschaft, Heft 2/2002, Westdeutscher Verlag

7 Ebd.

8 »Ich hatte Angst, Vater zu sein«, Der Spiegel, 07.10.2013

Die Kontroverse

1 Der Spiegel, Nr. 20/1969, S. 55 ff.

2 Ebd., S. 68

3 Institut für Demoskopie Allensbach, Monitor Familien-
   leben 2012, Einstellungen und Lebensverhältnisse von
   Familien, Ergebnisse einer Repräsentativbefragung im
   Auftrag des Bundesministeriums für Familie.

4 Bundesinstitut für Bevölkerungsforschung, Familienleitbilder, Vorstellungen. Meinungen. Erwartungen, Wiesbaden 2013

5 Interview mit Kramp-Karrenbauer über das Adoptionsrecht für gleichgeschlechtliche Paare und die Homo-Ehe,
   Saarbrücker Zeitung, 01.03.2013

6 »Politiker denkt, schwule Eltern machen Kinder schwul«,
   Die Welt, 30.08.2013

7 Religionsmonitor – verstehen, was verbindet. Religiosität
   und Zusammenhalt in Deutschland, Bertelsmann Stiftung
   2013

8 Ebd.

9 »Lesbische Pfarrerin: Glücklich als Regenbogenfamilie«,
   Evangelisch.de, 10.12.2012

10 Matthias Drobinski, »Mutter Kirche?«, Süddeutsche Zei-
    tung vom 20./21. Juli 2013

11 »Homosexualität ist ein Ausdruck der Liebe«, Frankfur-
    ter Rundschau vom 23.08.2013

12 Verlautbarungen des Apostolischen Stuhls 162, Kongre-

gation für die Glaubenslehre: Erwägungen zu den Entwürfen einer rechtlichen Anerkennung der Lebensgemeinschaften zwischen homosexuellen Personen, Kapitel 4, 3. Juni 2003

13 »Papst-Rede schockiert Schwule«, Weihnachtsansprache Benedikts XVI., Der Spiegel, 23.12.2008

14 Auszug aus einem Interview mit Papst Franziskus vom 20.09.2013, Quelle: Radio Vaticana

15 »Tröstliche – mehr aber auch nicht«, taz vom 20.09.2013

16 Papst Franziskus. Über Himmel und Erde, Jorge Bergoglio im Gespräch mit dem Rabbiner Abraham Skorka, Riemann Verlag, 2013

17 ZDF, Forum am Freitag, 23.08.2013

18 Kritik an EU-Ländern: »Türkische Kinder illegal den Familien weggenommen«, Spiegel online, 17.10.2013

Regenbogenkinder 217

1 Crosbie-Burnett, M./Helmbrecht, L.: A descriptive empirical study of gay male stepfamilies. Family Relations, 1993, 42, S. 256–262

2 Stephanie Gerlach, Regenbogenfamilien. Ein Handbuch, Querverlag, Berlin 2010

3 »Wo die Liebe hinfällt«, Judith Holofernes im Interview mit der taz vom 26.06.2004

4 »Ist die Ehe nicht mehr heilig?«, ARD-Talk mit Anne Will vom 12.06.2013

5 Marina Rupp (Hrsg.), Die Lebenssituation von Kindern in gleichgeschlechtlichen Lebensgemeinschaften, Bundesanzeiger-Verlag, Köln 2009

6 Aus den Schilderungen von Spenderkindern des Vereins Spenderkinder.de

7 A. J. Turner und A. Coyle, What does it mean to be a donor offspring? In: Oxford Journals, Human Reproduction, Vol. 15, 2000

8 Samenspender unbekannt – Der Mann mit der Nummer 150, Arte 2012

9 Jesper Juul, »Elterncoaching. Gelassen erziehen«, Beltz, Weinheim, Basel 2011

10 Stephanie Gerlach, Regenbogenfamilien. Ein Handbuch, Queerverlag, Berlin 2012

Was sagt die Wissenschaft?

1 Einige Studien aus den USA legten nahe, dass gleichgeschlechtliche Eltern bewusster und reflektierter erziehen als heterosexuelle Paare (etwa Flaks, D. K., Ficher, I., Masterpasqua, F. & Joseph, G. (1995). Lesbians choosing motherhood: a comparative study of lesbian and heterosexual parents and their children. Developmental Psychology, 31, und Patterson, C. J. (1992). Children of lesbian and gay parents. Child Development, 63, 1025–1042.); Johnson & O'Connor beschrieben 2002, dass gleichgeschlechtliche Eltern seltener strafen als heterosexuelle und sehen auch Vorteile fürs Kind: Johnson, S. M., O'Connor, E. The gay baby boom : the psychology of gay parenthood , New York University Press 2002

2 Siehe Marina Rupp (Hrsg.), Die Lebenssituation von Kindern in gleichgeschlechtlichen Lebenspartnerschaf-

ten, Bundesanzeiger Verlag 2009. Auch die Soziologen Judith Stacey and Timothy J. Biblarz argumentieren, dass Kinder mit homosexuellen Eltern eher bereit sind, traditionelle Geschlechterrollen über Bord zu werfen ([How] Does the Sexual Orientation of Parents Matter?). Stacey, J., Biblarz, T. J. in: American Sociological Review Vol. 66, 2001)

3   Wassilios E. Fthenakis und Arndt Ladwig, Homosexuelle Väter. In: Fthenakis, W. E./Textor, M. R. (Hrsg.): Mutterschaft, Vaterschaft. Weinheim, Basel: Beltz 2002, S. 129–154

4   Frederick W. Bozett, Gay and Lesbian Parents, 1987

5   Bernd Eggen, Kinder in gleichgeschlechtlichen Lebensgemeinschaften, Familienhandbuch des Staatsinstituts für Frühpädagogik, April 2003

6   Judith Stacey, Timothy Biblarz, How does the Gender of Parents Matter? Journal of Marriage and Family, Vol. 72, Februar 2010

7   Siehe u. a. K. R. Allen und D. H. Demo, The Families of Lesbian and Gay Men: A New Frontier in Family Research, in: Journal of Marriage and The Family, Vol. 57, 1995

8   Rupp, Querschnittstudie, S. 307

9   Remo H. Largo und Monika Czernin, Jugendjahre. Kinder durch die Pubertät begleiten. Sexualverhalten und Geschlechtsidentität, Piper, München 2011

10   Aus einem Interview der Salzburger Nachrichten über Regenbogenfamilien, 24.04.2013

11   Klaus Hurrelmann und Tanjev Schultz (Hrsg.), Jungen als Bildungsverlierer. Brauchen wir eine Männerquote in Kitas und Schulen?, Beltz, Weinheim und Basel 2012

12 Uli Streib-Brzič, Stephanie Gerlach, Und was sagen die
   Kinder dazu? Gespräche mit Töchtern und Söhnen lesbischer und schwuler Eltern, Querverlag, Berlin 2005
13 Gerhard Amendt, Kultur, Kindeswohl und homosexuelle
   Fortpflanzung, in: Leviathan – Zeitschrift für Sozialwissenschaft, Heft 2/2002, Westdeutscher Verlag

Die Streitschrift, über die ganz Deutschland diskutiert

Jesper Juul, der bekannte dänische Familientherapeut und Bestsellerautor, entlarvt in seiner Streitschrift die Interessen, die hinter der Kampagne »Jedem Kind einen Krippenplatz« stehen, ruft zur Selbstbestimmung der Eltern auf und macht sich für eine dramatische Verbesserung der Qualität unserer Kinderkrippen und Kindergärten stark.

Ob Betreuungsgeld oder Krippenplatz – kaum ein Thema wird von Politikern und Eltern derzeit heftiger diskutiert. Was dabei häufig aus dem Blick gerät, ist das Wohl der Kinder, und damit das, worum es in dieser Debatte, so Jesper Juul, doch eigentlich gehen sollte. Juul beruft sich auf jahrzehntelange Erfahrungen beim Kita- und Krippenausbau in Skandinavien, wenn er uns eindringlich vor den gesellschaftlichen Folgen warnt, die Frühbetreuung nicht an die Bedürfnisse unserer Kinder anzupassen. Dass es möglich ist, dafür gibt er Beispiele und Eltern den Rat, sich nachhaltig für verschiedene Möglichkeiten optimaler Frühbetreuung ihrer Kinder einzusetzen.

Jesper Juul
Wem gehören unsere Kinder?
Dem Staat, den Eltern oder sich selbst?
Ansichten zur Frühbetreuung
broschiert, 40 Seiten
ISBN 978-3-407-85970-9